마음이 머물던 자리

원석문학회동인지 제13집

마음이 머물던 자리

수필과비평사

권·두·언

글을 쓰는 재능

김상태(이화여대 명예교수, 이대평생교육원 수필지도교수)

　일본의 인기 작가 무라카미 하루키村上春樹가 그의 웹사이트에서 한 말이 묘하게도 마음에서 떠나지 않는다. 여자 대학원생이 한 질문에 대답한 말이다. 질문자는 이런저런 이유로 글을 쓰지 않으면 안 되는 사정이라 매번 낑낑 대고 있지만 좋은 글을 쓸 수 없다는 것이다. "어떻게 글을 좀 더 쉽게 쓰는 방법이 없을까요?"라는 질문이다. 이에 대한 하루키의 대답은 간단했다. "글을 쓴다는 것은 여자를 말로 꼬시는 것과 같아서 어느 정도까지는 연습으로 잘 되지만 기본적으로 재능을 가지고 태어나야 합니다."라고 대답했다.
　말로 여자를 잘 꼬시는 것과 글을 잘 쓰는 것을 동일시하는 것도 재미있는 발상이지만 글쓰는 것을 이렇게 거침없이 단언하는 것도 하루키다운 표현이라는 생각이 든다. 어떤 점에서 그러한지는 더 설명이 없으니 모르겠지만 일맥상통하는 바가 분명히 있을 것이다.
　나의 글을 돌아보면서 그 말을 수긍하지 않을 수 없다. 젊었던 시절 한때 시인이 되겠다는 꿈도 가졌고, 소설가가, 극작가가, 영화감독이 되겠다는 꿈, 참 많은 것을 하고 싶은 꿈을 가진 적이 있지만, 결국 다 포기하고 평범한 국문학 교수가 된 것이다. 타고난 재능이 없는 줄 알고 일찌감치 포기한 것이 천만다행한 일이다. "여자를 말로 꼬시는 재주"를 가지고 있지 않다는 것은 진작 깨달았지만 글재주와 연관되어 있는 것은 미처 깨닫지 못했다.

신수사법新修辭法에서는 글을 쓰는 언술을 네 가지 타입으로 구분한다. 사물을 이해시키는 '설명說明', 나의 주장을 받아들이도록 하는 '논증論證', 있는 그대로 보이도록 하는 '묘사描寫', 일어나는 일을 시간에 따라 이야기 하는 '서사敍事'로 구분한다. 논증은 다시 두 가지로 나누어진다. 받아들이도록 하는 기법이 논리에 근거하는 것과 감정에 근거하는 것이 다르다. 앞의 것을 그야말로 논증(argument)이라고 말하지만 뒤의 것은 설득(persuasion)이라고 한다. 논리적으로 아무리 옳다고 하더라도 감정적으로는 따를 수 없는 경우가 허다하다. 여자를 말로 꼬실 수 있는 재능을 가진 사람은 바로 이 설득의 언술에 탁월한 사람이다.

여자를 꼬시는 데 있어서 잘생긴 외모가 무엇보다 중요하다. 그러나 설득의 능력을 갖지 못한 사람은 말을 시작하는 그 순간부터 매력을 잃기 시작한다. 외모가 비록 썩 훌륭하지 않아도 말을 건네는 그 순간부터 매력을 발산하기 시작하는 경우가 있다. 하루키가 말하는 재능이 바로 그런 것이다.

말솜씨와 글솜씨는 분명히 다르다. 말은 썩 잘하는 데 글은 별로인 사람이 있는가 하면, 글솜씨는 탁월한데 말은 눌변인 사람도 있다. 둘을 함께 갖고 있는 사람보다 둘 중 하나만 갖고 있는 사람이 더 많다. 하루키가 말하고자 하는 바로는 말로 여자를 꼬시는 재능을 가진 사람이 바로 글을 잘 쓸 수 있다는 뜻이 아니다. 글을 잘 쓰는 재능은 타고난다는 뜻이다. 글만 그런 것이 아니라, 모든 예술이 그렇다는 말이다. 어느 대중 음악가가 이렇게 말했다고 한다. 좋은 가수가 되는 것은 흔히 우리가 알고 있는 것과는 달리 90 퍼센트의 재능과 10 퍼센트의 노력으로 이루어진다는 것이다.
　그런데도 나는 평생교육원에서 수필 쓰는 것을 가르치고 있다. 자기 속에 숨어있는 원석 같은 재능을 찾자는 모토를 내세우면서 말이다. 얼마쯤은 맞는 말이다. 글쓰는 재능을 한 번도 발휘하지 못한 채 산다는 것은 억울한 일이다. 나의 교실에서 대단한 작가가 배출될 것이라는 기대를 나는 하지 않는다. 우선 선생부터 그렇지 않는데 어떻게 그런 기대를 할 수 있겠는가. 수강생들 대부분이 큰 작가가 되겠다는 기대를 갖고 오는 것 같지는 않다. 사람 일은 알 수 없으니까 나도 눈이 휘둥그레질 작가 나올지는 모를 일이지만 그런 기대로 나의 '수필반'을 운영하고 있는 것은 아니다. 바른 글을 쓰기 위해서라고 강조한다. 그리고 글을 쓰기 위하여 만나는 것이 즐겁기 때문이다. 수강생들도 내 취지를 이해하고 같이 즐거워하고 있다.

　민주주의란 대중화시대와 맞물려 있다. "모든 권력은 국민으로부터 나온다."는 말은 지금은 상식이지만 조선조 같았으면 멸문지화滅門之禍를 당할 역적에 해당한다. 세상은 대중이 원하는 바대로 되어 간다. 그런 원칙이 쉽게 시행되리라고는 생각하지 않는다. 그러나 종국에는 그런 방향으로 가고 있을 것이다. 따라서 문학도, 아니 모든 예술이 대중이 선호하는 방향으로 되어간다. 물론 가끔 천재들이 출현해서 기수처럼 깃대를 펄럭이며 대중들이 가야 할 길을 가리켜 주기도 한다. 천재가 아닌 대중들은 보다 나은 예술을 위해서 천재의 작품을 이해해야 하고 사랑해야 할 것이다. 진정으로 이해하고 사랑하자면 스스로 그 예술을 해 보아야 한다.

내가 '생활수필'이라고 이름을 붙여서 설강한 취지도 바로 그런 이유에서였다. 본격적인 문예수필이 아니라, 생활하면서 보고 느낀 것을 충실히 기록하는 것을 기본으로 하는 수필 말이다. 내 의도를 짐작이나 한 듯이 수강생들도 문예에 탁월한 재능을 가진 사람들이 수강하는 것이 아니라, 글쓰기에 약간 취미가 있는 사람, 글쓰기를 그냥 좋아하는 사람들, 글쓰기에 즐거움을 느끼는 사람들이 모인 반이다. 모두 자기의 생활을 나름대로 기록해 보겠다는 뜻을 가진 사람들, 생활에 시달려 고단할 때 마음을 정화시켜 보겠다는 사람들이 모인 곳이다. 쓴 글을 얘기하면서 즐거움을 느끼는 곳, 글을 쓰면서 친하게 된 사람들과 교유하는 곳이 바로 '생활수필' 교실이다. 내 의중을 어떻게 알았는지 개강 이래 수강생들이 끊임없이 이어지고 있다. 올해로 24년째 이 교실이 운영되고 있고 더욱이 수필반이 구성원이 되어 <원석 문학회>를 창립하여 다양한 문학 활동을 하면서 동인지까지 출간하고 있으니 정말 신통한 일이 아닐 수 없다.

글을 잘 쓰는 재능을 여자를 말로 꼬신다는 것에 비유한 하루키의 말은 맞다. 글을 잘 쓰는 재능은 타고나야 한다. 그러나 꼬신 여자를 헌 신짝처럼 버리면 어떻게 되겠는가. 도덕적으로 비난을 받을 것이다. 꼬신 여자를 사랑해야 한다. 사실 꼬신다는 말에 얼마간 어폐가 있다. 성실성이 결여되어 있기 때문이다. 꼬신 다음에 사랑이 따르지 않는다면 아름다운 결과를 얻지 못한다. 사랑은 즐거움과 괴로움이 함께 있는 것이라고 누군가 말했다. 글을 쓰는 것도 마찬가지다. 글을 쓸 때는 괴로움과 즐거움을 함께 겪는다. 그러나 괴로움을 이기고 나면 즐거움이 찾아오기 때문에 우리는 글을 쓴다. 비록 걸작이 아니라도 나를 정화淨化시킨 글이기 때문에 그것은 나에게 값진 글이다.

차례

권두언　글을 쓰는 재능 / 김상태 ✤ 4
초대수필　아버지의 훈장 / 유인순 ✤ 14

제1부

강진희　고양이도 물어가지 않았다 ✤ 22

김순희　봄은 오는데 ✤ 26
　　　　　비둘기는 울지도 못했다 ✤ 29

김옥춘　꽃길 ✤ 33
　　　　　이름 없이 살다간 여인 ✤ 38

김재형　5월의 서울 나들이 ✤ 43
　　　　　얼굴 ✤ 46

김혜양　강릉 수채화 ✤ 49
　　　　　인생 김밥 ✤ 53

남현선　그렇게 물들어 가다 ✤ 56

제2부

박귀숙 마트의 꽃 ✽ 62
         봉정암 가는 길 ✽ 66

박숙희 귀비貴妃 여사 ✽ 70
         시간 여행 ✽ 73

배공순 옛날의 그 집 ✽ 77
         티키타카 ✽ 81

배정순 선택의 안목 ✽ 85
         이름 모를 꽃 ✽ 88

변명희 눈이 내리면 ✽ 91
         그때 그 사람 ✽ 95

서순정 글로리아(Gloria) ✽ 100
         나의 친구 J ✽ 104

제3부

선순례　김밥은 사랑이야 ✽ 112

송경희　나는 나답게 ✽ 116
　　　　　외할머니의 편지 ✽ 119

신서영　아버지와 국수 ✽ 123

신정호　TV 만평 ✽ 128
　　　　　다롱이 할머니 ✽ 132

윤동희　손길 ✽ 136
　　　　　엄마와 딸 ✽ 139

이민재　싸움의 기술 ✽ 143
　　　　　오늘도 추억이다 ✽ 147

이영희　그리운 아버지께 ✽ 151
　　　　　친정 엄마와의 하룻밤 ✽ 156

제4부

이차순   아니 이럴 수가 ✤ 162
　　　　　어머나, 앞치마에서 ✤ 166

조미남   그리운 봄 ✤ 169
　　　　　동백꽃 점순이 ✤ 172

조옥자   마포댁들 ✤ 176
　　　　　어머니의 꽃상여 ✤ 181

최순자   기분 좋은 날 ✤ 185
　　　　　또 한 마리요 ✤ 189

최연실   공상가와 상상가의 만남 ✤ 193
　　　　　월하 수작 月下 酬酌 ✤ 198

황정희   고향을 찾아서 ✤ 202
　　　　　내 나이가 팔십이란다 ✤ 206

■편집후기 ✤ 210

초대수필

아버지의 훈장

유 인 순 (강원대 명예교수, 이대평생교육원 수필지도교수)

 잠을 자고 있는 것인지 깨어 있는 것인지 알 수 없었다.
 유장하게 흐르는 푸른 강물, 강 건너는 갈 수 없는 나라. 강의 상류로 들어서자 위화도威化島가 중국 측 강안江岸 가까이 자리 잡고 있었다. 섬에는 한때 고위 간부들의 별장이었다는 하얀 건물들과 드문드문 민가들이, 그러나 지금은 사람이 살고 있지 않는 듯 괴괴한 모습, 드물게 경비병들의 막사들만 보였다.
 유람선은 다시 압록강 다리 쪽으로 뱃머리를 돌렸다. 건너편은 신의주, 고층건물들과 무지개극장이라는 반원형의 커다란 건물이 보였다. 이쪽 사람들을 의식해서 건설한 강변 마을은 서울의 한곳을 옮겨다 놓은 듯 했다. 고성능 망원렌즈를 끼고 저쪽 마을의 건물 사진을 찍고 있던 사진작가, 오래도록 손놓아버렸는지 시설물들이 너무 낡았다고 탄식했다.

　단동(안동)과 신의주를 이어주는 압록강 제 1교(1911년에 건설, 길이 944.2m, 폭은 인도를 포함 11m)는 철교, 그러나 이 다리는 한국전쟁 중 미군의 공습으로 그 절반 이상이 파괴되었다. 그 옆에 자리한 압록강 제 2교는 전쟁 후에 중국과 북한이 합자해서 건설했다. 제1교에는 '압록강단교鴨綠江斷橋'라는 한자어 현판이 다리 입구의 아취 위에 걸려 있었다. 압록강 강물은 푸르고 잔잔했다.

　나는 자고 있는가, 깨어 있는 것일까. 자죽자죽 내리는 빗소리를 들은 듯 했다. 눈을 떴다. 새벽 4시, 어둠이 호텔 객실 안을 채우고 있었다.

　장대비 쏟아지는 밖으로 나갔다. 호텔 앞에서 큰 도로를 건너서 조금 걷자 압록강 유원지의 입구가 보였다. 5월 초순 새벽의 압록강변, 전날 오후만 해도 흐드러지게 피어 있던 겹벚꽃들이 장대비 속에서 꽃잎을 떨구거나 나뭇가지들이 지면을 향해 늘어져 있었다. 강 쪽으로 시선을 돌리자 도도하게 흐르는 강물 위로 빗줄기가 돌팔매처럼 내리꽂히다가 사방으로 튀어 오르며 물보라를 일으키고 있었다. 강변 모래사장으로 내려섰다. 전날 보았을 때 푸르던 강물은 밤새 내린 폭우로 탁류가 되어 있었다. 이 넓은 강변에 나 혼자라는 생각, 가슴이 아렸다. 모래밭에 구부리고 앉아 압록강 강물에 천천히 손을 담갔다.

　"6 · 25전쟁 중 북진할 때 네 아버지, 압록강 강물에 손 담그셨다고 하더라."

　어머니 생전에 너댓 번 하시던 말씀, 그 말씀을 하실 때 어머니 눈가에 어리던 한 여자의, 동족상쟁의 비극을 보았다. 압록강은 그렇게 내 가슴에 각인되었다.

　지난 해 유월이었다. 조카로부터 휴대폰 문자를 받았다. 육군본부 '6·25 무공훈장 찾아주기 조사단'에서, 내 아버지에게 '금성화랑 무공훈장'을 수여하기로 되어 있으나 아직 전달되지 못했다는 것, 조사단 담당자는, 아버지의 직계손인 나로부터의 연락을 기다리고 있다는 내용이었다.

　내 아버지는 한국전쟁이 일어난 다음 해 4월 하순, 사창리 전투에서 전사하셨다. 어머니는 20년 전에 그리고 오빠는 2년 전에 소천했다. 금성화랑 무공훈장 수여라니, 늦어도 한참 늦었다. 70여년 지나서 훈장 수여 계획을 세운 사람들이, 정권이 바뀔 때마다 정책이 바뀌고, 그때마다 무언가 현시적 공적을 남기려고 하는 사람들이 나는 싫었다.

　나는 아버지의 훈장 수여에 대한 거부의사를 밝혔다. 그러나 조카들의 생각은 달랐다. 그들은 한 번도 본 적 없는 할아버지의 훈장에 대해 감격하고, 너무 늦었지만 하늘에 계신 할아버지도 할머니도 또 자기들의 아버지도 기뻐하실 것이라고 했다. 조카들은 그들의 아이들에게도 증조할아버지가 금성화랑 무공훈장을 받으시게 되었다고, 조상에 대한 자부심을 심어주며 모두 축하의 분위기였다. 어쩔 수가 없었다. 나는 아버지의 훈장 수여에 대한 제반 사항들, 뿐만 아니라 훈장을 받게 되면 이후 보관문제까지 조카에게 위임했다.

어머니 살아계시던 때에 해마다 현충일이면 아버지가 전사하신 강원도 화천군 사창리를 찾아가 전몰장병 기념탑 앞에서 묵념을 했다. 어머니는 딸이 운전하는 차를 타고 사창리 경계로 들어서기만 하면 그때부터 과호흡으로 고통스러워하셨다.

아버지가 전사하시던 때 세 살 반이었던 내게 아버지에 대한 기억은 전혀 없다. 나보다 두 살 위인 오빠도 아버지에 대한 기억이 전혀 없다고 했다. 아버지란 존재는 사진 두 장과 아버지가 남긴 편지 두 통, 그리고 가장 확실한 증거는 우리 남매였다.

아버지의 무공훈장 수여 운운하는 일이 벌어지면서, 보관하고 있던 아버지의 편지를 꺼내 보았다. 70 여년 전에 어머니에게 보내셨던 편지를, 갱지에 연필로 눌러쓴 국한문 혼용체의 편지는 연필의 흑연이 날아가 제대로 판독할 수 없는 곳도 있었다.

― (전략) ―

'악척같이 살아서 將來에 幸福을 보도록 하시오. 나는 아직 죽지 아니하고 살아 있습니다. 나도 악척같이 살을 작정입니다. 그래서 부탁하건대 基春 仁順을 잘 敎育하여 주십시오.

基春이 남매가 나를 무척(?)이나 원망할 것이야. 此後 연락 할 편지가 있을 것이니^^^^(판독불능) ^^^^이만 두겠습니다. ^^(판독불능)^^^^그러면 健康히

檀紀 四二八四年 二月八日

― (전략) ―

유인순 17

요사이 基春이 男妹는 잘 놀고 있는지 궁금합니다. 물론 잘들 있으리라 믿지만은 내 눈으로 보지 못하니까. 그러나 얼마나 살기가 고생스러운지요. 그러나 어디까지나 악척같이 살아 주기를 바라는 바입니다. 우리는 또다시 北進을 시작하고 있습니다. ― (중략) ―

經濟가 용서커든 基春 男妹들이나 병나지 않게 하고 옷이나 깨끗하게 해서 입히시오. 너무나 남 보기에 추하지 않도록 하시오. 당신 역시 마찬가지십니다. ― (중략) ―

基春 男妹를 부탁합니다.

檀紀 四二八四年 二月十九日

젊은 장교가 아내에게 쓴 편지, 1951년 2월 19일에 보내온 것이 마지막편지였다.

육군본부 6·25 무공훈장 찾아주기 조사단으로부터 연락을 받은 이후 보름쯤 뒤에 서울집에서 가족들이 모여 아버지의 훈장 개봉식을 갖게 되었다. '금성화랑무공훈장'과 '6·25 전쟁 무공훈장 수훈 기념메달', 그리고 '훈장증'이 나왔다. 조카들과 그의 아이들은 번쩍거리는 '금성화랑 무공훈장' 앞에서 감탄했다. 그러나 나는 '훈장증'에 나온 아버지의 계급과, 훈장 수여일자가 1950년 12월 30일임에 주목했다. 전사 당시 아버지의 계급은 대위였고, 전사일은 다음 해 4월 23일이었다. 조카는 즉시 조사단 담당자에게 이런 사실을 문의했고, 담당자는 훈장증 내용이 사실이라고 밝혔다. 아버지가 훈장을 받게 된 중요 근거가 무엇인가에 대해 조카들이 곧바로 조사하기 시작했다. 그리고 자신들이 찾은 자료를 보내왔다.

아버지는 6사단 소속이었다. 6사단은 1950년 10월 26일 국군과 연합군중 최초로 조중국경에 위치한 초산에 도착, 압록강 물을 마시고 수통에 강물을 담아 대통령에게 헌수했다. 그들은 진격의 선두주자로 공인 받았다. 그러나 그도 잠시, 그들은 중공군의 개입으로 다음날부터 후퇴하기 시작했다. 1950년 12월에는 동두천에서 항전, 1951년 2월 중순부터 4월 초순까지는 여주 마석 가평에서 진격, 그리고 4월 20~25일 사창리 전투가 벌어지고 이때 중공군의 대규모 공세에 무기력하게 무너지고 말았다.

아버지가 훈장을 받게 된 것은 압록강까지 선두주자로 진격한 것에 대한 포상이었다. 갓 서른 살의 중위였던 아버지는 압록강물에 손을 담그었던 부대원의 일원이었고 서른한 살이 된 다음 해에 대위로 진급, 그러나 사창리에서 전사하면서, 소령으로 추서되었다.

아버지에게 압록강은 격전 중에 젊은 장교가 누릴 수 있었던 영광이고 기쁨이었을 것이다. 그러나 그 영광과 기쁨이 곧 후퇴로 이어지는 고난의 시작이었음을 아버지도 또 그의 전우들도 몰랐을 것이다.

올 초, 문화유적답사팀에서 고구려산성답사의 동행을 요구했다. 프로그램에 압록강지역 답사 항목을 보는 순간 참가를 신청했다. 그리고 5월 초순의 압록강, 장대비가 쏟아지는 신새벽, 강물에 담근 손끝으로 차갑고 묵직한 슬픔이 배어 올라왔다. 1950년 시월 하순의 압록강, 강물에 손 담근 내 아버지의 손끝으로 배어 오르던 기운은 어떤 것이었을까.

유인순 19

"6·25전쟁 중 북진할 때 네 아버지, 압록강물에 손 담그셨다고 하더라."

어머니의 목소리가 압록강 강물 위에서 튕겨나오고 있었다. 너무도 늦게 도착한 아버지의 금성화랑무공훈장이 강물 위로 흐르고 있었다. 그랬다. 아버지의 훈장이 나를 압록강변으로 불러냈다. 세월을 사이에 두고 아버지가 손 담갔던 압록강물에 나 또한 손 담그면서 나와 가족과 나라와 세계, 그리고 전쟁과 평화로 번져가는 생각의 물결을 본다.

준비해 간 빈 생수병 2개를 꺼내서 압록강물로 가득 채웠다. 귀국하면 한 병은 올케에게, 나머지 한 병은 어머니와 오빠가 잠들어 있는 가족 묘원으로 가지고 가서 묘원 주변에 뿌릴 것이다.

제1부

강진희 김순희 김옥춘
김재형 김혜양 남현선

고양이도 물어가지 않았다

강 진 희
ew87kang@hanmail.net

　이른 아침 대형 살수차가 도로에 시원스럽게 물을 뿌리고 지나간다. 먼지까지 씻겨내려 정갈하게 아침을 맞는 기분은 도시에서 느낄 수 있는 깨끗함이 아닐까. 출근하는 많은 사람들에게 편리하고 상쾌한 도시가 되어가는 것을 보고 차츰 서울에 사는 의미가 즐거워지기도 하는 것 같다. 버스 정류장에서 아름다운 꽃을 만나고 예쁘게 피어난 꽃은 향기를 품어 행복한 아침을 맞는 기분을 만끽하게 한다.
　우리 집 건물의 뒤편은 2차선 도로에 작은 상가들이 있고 양쪽으로 줄지어 주차를 시켜놓아 출근시간이면 도로는 몸살을 한다. 요즘처럼 더위가 기승을 부리는 때는 쓰레기까지 신경이 쓰이는데 청소대행업체에서 요일을 정해놓고 말끔하게 수거하기 때문에 크게 신경 쓰지 않아도 별 불편 없이 주변은 깨끗하다. 개중에는 복잡한

북새통에 남의 집 앞에 몰래 쓰레기를 가져다 놓는 얌체족도 있어 아쉬운 마음이다. 더러는 눈감아주기도 하고 적은양은 우리 집 쓰레기로 분리해 치우기도 해주는데 문제는 쓰레기의 출처가 분명하지 않은 검정비닐 봉지는 주인을 찾을 수가 없다. 그 사람의 마음도 까맣게 어두운 것은 아닐까. 아니면 천 원짜리 봉지를 안사도 된다고 신나게 손뼉을 치고 있을까.

약속된 쓰레기 수거 날에 사무실과 상가 문 앞에 내놓으면 환경미화원들이 산더미처럼 쌓여진 쓰레기를 깨끗하게 치워주니 그분들의 노고에 늘 감사하는 마음이다. 도시가 청결하고 사회가 정돈되는 그 무형의 노력을 3D의 어려움을 참고 그분들은 하고 있다.

어느 날 어둠이 내리고 거리에 불이 밝혀질 즈음, 대문을 잠그려고 밖에 나가보았다. 많은 쓰레기가 모두 우리 집 문 앞에 쌓여 있는 게 아닌가. 주차장 앞 공간을 이용해 버리고 갔는지 우리 집 앞은 쓰레기로 만원이었다. 누군가 버리고 가는 사람을 지켜볼 수도 없어 유난스럽게 CCTV를 설치할 수도 없고 순간 포착을 고민하는 중이다. 요일별로 정해 놓고 수거하겠다는 공문을 구청에서 각 가정으로 보냈는데도 약속을 지키지 않고 멋대로 행동하는 사람은 어떤 사람일까.

어느 날 많은 쓰레기 더미 위에 유난히 긴 몸통의 깡마른 북어 한 마리가 버려져 있는 것이 눈에 띄었다. 그 북어를 보자 왠지 쓰레기 더미 위에 버려진 것마저도 기분이 썩 좋지 않았다. 마치 시골길 성황당에 울긋불긋 매단 헝겊을 보듯 귀신이 붙어 있을 것 같은 어떤 무속인의 넋두리가 생각나 쳐다보기도 싫었다.

남편은 매일 새벽이면 일과처럼 운동 삼아 집주변을 돌아본다. 나는 다음날 아침 남편에게 청소원들이 쓰레기를 모두 치웠더냐고 물었다. "깨끗이 치웠던데" 그런데 북어는 문 앞에 그냥 버려져 있더란다.

고양이도 물어가지 않았다. 아마 누군가 고사를 지낸 것이거나 이사 온 사람이 사업이 번창하고 재수 좋으라고 문설주 위에 걸어놓았던 것을 떼어버린 것 같기도 했다. 장작개비처럼 바싹 마른 북어 한 마리. 미화원들도 다른 쓰레기는 모두 치우면서 그 북어는 왜 그냥 두고 갔을까. 누구도 손대기를 꺼리는 그 북어를 남편이 치웠단다. 나는 그 긴 북어를 어떻게 했느냐고 놀라서 물었다. 그까짓 것 뭐 발로 밟아 세 동강으로 잘라 화분을 파고 걸음 되라고 묻었단다. "두 손 모아 열심히 빌었을 테니 우리 감나무 거름 되어 감이나 많이 열리라"고 말하면서 아무렇지 않게 웃었다. 남편은 퍽이나 까다롭다고나 할까. 무신론자이면서 자신의 소신 이외는 누구도 믿지 않는 본인 자신의 정신을 가장 신뢰하는 성격이다. 남의 집에서 가져온 제사 음식이나, 고사 음식도 절대로 입에 대지 않는 까다로운 사람이다. 그럼에도 아무렇지 않게 마른 북어를 처리하고 들어왔다는 게 신기했다.

이왕에 자기가 믿는 신이 있어 정성 들여 빌고 예방하는 의미였다면 예부터 귀한 음식으로 조상님께 바쳤던 북어를 버리는 것도 깔끔하게 마무리하였으면 얼마나 좋았을까. 다른 사람 눈에 거슬리지 않게 신문지에 싸서 봉투에 넣어 버렸으면 길을 지나다니는 사람들에게 눈에 띄지도 않았을 것을. 자기만의 이로움을 생각하는 단순

함은 여러 사람들의 마음을 불쾌하게 한다. 이런 사람이 깨끗해진 거리에 얌체처럼 아무렇게나 쓰레기를 버리고 가는 비양심 족은 아닌지.

  조금만 서로서로 내일처럼 신경 쓰고 배려한다면 치우시는 분도, 거리도, 내 마음도 상쾌하고, 청결한 사회가 되지 않을까.

봄은 오는데 외 1편

김 순 희
shkim2892@hanmail.net

　여름의 끝자락 태양이 뿜어대는 열기가 싫어 가을을 기다렸다. 여름이 안겨준 행복, 우주의 신비가 내 작은 뜰에 넘치던 날들, 열정의 태양 아래 날마다 돋아나고 피어주던 풀들과 꽃들, 얼마나 감격하고 얼마나 행복했던가. 그 감사함도 순간에 잊어버리는 인간의 간사함이 부끄럽다. 일 년을 기다려야 다시 만나는 여름임을 알면서도 그랬다.
　그렇게도 기다리던 서늘한 가을은 언제나 서둘러 떠나는 특성이라도 품고 오는 듯 돌아가기 바쁜 손님 같기만 하다. 푸르던 나뭇잎이 낙엽이 되어 땅에 떨어져 굴러다닐 때 한번쯤 걸어온 길 돌아볼 겨를도 남기지 않고 가을은 우리를 겨울 속에 남겨두고 사라진다.
　아이들이 중고등 학생 시절, 우리 집은 재래시장 가까운 곳에 있었다. 도시락을 책가방에 넣고 다니던 시절이라 매일 장보러 다녀야 했다. 지금 생각하니 나도 부지런한 엄마였구나 하고 웃는다. 자주 가는 시장이니 장사하는 아줌마들 얼굴도 익히게 되고 단골 가게도 생기곤 했다. 노점 장사하는 그들이 건물주들이라는 것도 들었고 남편 없이 살면서 아이들을 잘 키워 명문대에 보냈다는 얘기도 들었다. 그럼에도 그녀들은 순식간에 시장을 처절한 전쟁터의 축소판으로 만들어가며 삶의 종말을 맞은 사람들처럼 사생결단의 싸움을 하기도 했다. 그래도 다음날은 나란히 앉아 형님 아우님으로 부르며 큰 소리로 웃고 얘기하는 것을 보았다. 그들의 세상사에는 철학이 따로 있는 것처럼 보였다.

파도소리 들으며 자랐다는 남편이 생선을 좋아해서 나는 생선장사 아줌마들을 자주 찾곤 했다. 그날도 꽁꽁 언 생선 앞에서 서성이는데 왕언니라도 되는 듯한 분의 얘기가 한참이었다. "우리 막내 녀석이 저녁에 벗어놓은 내 옷을 보면서 묻는 거야. 엄마, 이 옷 모두 엄마 옷 맞아? 와아~ 한 지게에 싣고도 남겠다. 이걸 어떻게 모두 입어요. 대단한 엄마다." 하고는 제 누나를 불러서 둘이 웃어가며 놀리더란다. 하긴 자신이 봐도 한 짐은 될 것 같으니, 아침저녁 입고 벗는 것도 큰 일 같더라며 날씨가 풀려야 할텐데…. 서로 공감하며 웃는 아줌마들을 보니 모두들 솜으로 만든 눈사람처럼 굴러가기라도 할 것 같았다.

겨울 코트는 사는 것이 아니라 장만한다 했고 대를 물리는 것이라 하던 시대를 살았다. 지금의 우리는 겨울코트를 여름 옷 갈아입듯 기온에 맞춰 바꾸어가며 입는다. 그럼에도 겨울을 싫어하는 사람도 있으니 그 말에 공감이 된다. 난방도 에어컨도 갖추어 있을 뿐 켜는

김순희 27

것보다 끄는 편에 익숙한 나를 두고 하는 말 같기도 하다. 뉴스의 일기 예보에 맞춰 보일러 온도는 올렸는지, 난로는 켰는지, 아파트에 사는 아들딸의 전화가 바쁘다.

내가 벗어놓은 옷들을 보며 그 옛날 생선장사 아줌마가 하던 말을 생각한다. 찬바람이 휘돌아가는 길목도 아닌 방안에서, 얇은 옷도 두꺼운 옷도 겹겹이 입어대는 버릇에서 벗어나야 한다는 것은 생각일 뿐, 겹겹이 입어야 마음이 놓인다. 그러면서 식구들에게도 속옷 잘 챙겨 입어야 한다고, 감기는 만병의 근원이라고, 누누이 이르지만 내 말을 담아 듣는 사람은 없는 듯하다. 한겨울에도 양말을 벗고 살던 지난날을 그리워하면서 나이 들며 생긴 버릇이라고 나이 탓으로 돌리며 살아간다.

겨울이 끝나는 날, 나는 나풀대는 가벼운 옷으로 갈아입을 것이다. 긴 동면에서 깨어나 발밑에 기어 다니는 작은 벌레들의 생환을 환영해줄 것이며 예쁜 꽃들의 잔치에도 함께할 것이다. 스스로 그것들의 여왕도 되었다가 보호자도, 시녀도 되어가며 돌아오는 여름을 즐거이 살아가리라. 싫어했던 여름날이, 멀리 떠나간 옛 친구처럼 그립다. 여름은 멀리 있는데….

봄이 오면 그 뒤에 여름도 따라 오겠지.

비둘기는 울지도 못했다

 지붕 위의 빗물이 모여 굵은 쇠줄을 타고 내려온다. 수돗물처럼 흘러내린 물을 통에 담았다가, 햇빛에 목마른 화분에 나누어 준다. 화분의 꽃들이 좋아할 거라고 생각했다. 가을날의 회색빛 어둠이 짙어가는 시간이었다. 양동이에 물을 퍼 담고 일어서는데 물통들 사이에 검은 물체가 있어 유심히 보니 조금 움직였다. 내가 놀라 긴장하는데 그 물체도 나처럼 긴장하는 것 같았다.
 단골로 드나드는 날렵한 고양이가 엎드려 있을 리 없고, 고양이 덕분에 쥐는 보이지 않은지 오래다. 통을 살짝 건드리니 조금 움직이다 죽은 듯이 엎드려 있다. 불빛이 닿지 않는 구석이라 무엇인지 알 수 없었고 움직이지 않으니 무서웠다. 마당에서 땅을 뒤적이다 지렁이가 나와도 오싹해지는데 이 물체는 무엇일까. 그 정체가 무엇이든 살아있는 목숨인 것은 틀림없었다. 물통이 높아 물을 먹을

김순희

수 없어 탈수라도 되었겠다는 생각에 낮은 그릇에 물을 담아 옆에 두었지만 먹을 생각도 없는 눈치다.

그냥 두고 가면 고양이한테 당 할 것만 같아 두고 갈 수도 없어 망설이다 수건을 등에 덮으면 직접 손을 대지 않아도 될 것 같아 용기가 생겼다. 수건으로 안아서 불 켜진 현관 앞에 내려놓고 보니 큰 병아리만 한 새끼 비둘기였다. 닭처럼 큰 비둘기들이 마당에 쌍쌍으로 찾아 와 먹이를 쪼아 먹곤 했지만 앙증맞은 새끼 비둘기는 처음 보았다. 새끼를 두고 간 사연은 알 수 없지만 고아가 되어버린 새끼 비둘기는 겨우 숨을 쉬고 있는 것 같았다. 내려놓은 그 자리에 석고처럼 서 있었다.

새끼 비둘기의 운명이 하필이면 어설픈 내 손에 달린 셈이다. 날지도 못하는 병든 비둘기를 하룻밤 보살펴야 할 의무감에 참으로 난감했다. 움직이지도 못하는 것으로 보아 병이 난 것일까, 그리고 어미 잃은 그 마음은 또 얼마나 암담할까. 하지만 아픈 곳을 찾아 치료해 줄 수도, 슬픔에 젖은 그 마음을 위로 해 줄 수도 없었다. 무지한 내가 할 수 있는 것은 아무것도 없었다. 하지만 하루저녁을 무사히 보낼 수 있는 안식처라도 만들어 주어야겠다고 생각 했다. 아침이면 새끼 잃은 엄마 아빠가 울며불며 날아올지도 모른다. 이십 년도 더 산다는 비둘기 부부는 평생을 함께 한다니 검은 머리 파뿌리 될 때 까지라는 말이 무색하다. 아마도 새끼도 귀히 여길 것이다. 나는 비둘기 가족의 상봉을 보게 될 것이라는 기대를 하면서 비둘기 집을 지을 궁리에 식사 시간도 잊고 있었다.

걱정은 호랑이 닮은 고양이다. 비둘기를 집 안에 두면 안전하긴 하겠지만 공기가 달라 약해진 몸에 쇼크라도 일어날까 염려되었다. 궁리 끝에 안방 베란다에 빨래건조대를 펴고 그 위에 종이박스 올려놓고 그 속에는 물과 양식으로 좁쌀 정도 놓아두면 될 것 같았다. 설계 된 집은 만들어졌고 한밤중에 철망을 찾아 지붕으로 올리니 공기 소통도 될 것 같았다. 움직이지도 못하는 비둘기이긴 하지만 혹시 흔들기라도 해서 지붕이 떨어지면 안 되겠기에 작은 돌 두 개를 올려놓으니 나름 안심이 되었다. 비둘기 집은 고도孤島의 외딴집처럼 쓸쓸해 보였으나 하룻밤의 안식처로는 완벽할 것이다. "비둘기야 잘 자" 하며 나는 비로소 집으로 들어올 수 있었다.

　안전한 집에 비둘기를 두고 늦은 저녁을 먹으며 큰 공이라도 세운 것 같아 뿌듯하기만 했다. 넓고 넓은 하늘을 돌고 돌다 내 마당에 내려온 비둘기와의 인연을 생각해 본다. 물통과 물통 사이에서 부동 상태의 비둘기에 내 눈길이 닿게 된 인연. 수건으로 비둘기를 감싸 안아 모셔 왔다는 것은 나에게는 사건 같은 일이었다. 안았을 때의 따스한 온기, 내 손에 감지되던 가녀린 맥박 등은 처음으로 느껴보는 경험이기도 했다. 어린 비둘기는 나에게서 무엇을 느꼈을까. 나는 비둘기를 키우고 싶어졌다. 제대로 된 집도 마련해주고 먹을 것도 챙겨주면서 만나면 반가운 친구가 되어 살고 싶어지는 것이었다.

　내일은 특별한 날이 올 것만 같은 막연한 기대도 하면서 뉴스를 보고 있었다. 창밖에서 생소한 소리가 들려왔다. 이미 어두운 밤이라 나가기도 싫었으나 비둘기 생각을 하니 앉아 있을 수도 없었다. 문을 열고 나가 비둘기 상자부터 보니 쇠 그물은 날아가고 비둘기는 보이지 않았다. 꿈쩍도 못했던 어린 비둘기는 눌러놓은 돌멩이도 쇠 그물 지붕도 날려 보내고 탈출한 것이다. 5미터도 넘는 마당 가운데 날아가 있었다. 외등의 불빛 아래 갈 곳을 잃은 길손처럼 우두커니 서 있었다.

병든 어린 비둘기의 탈출은 내 상상 속에 없었다. 영화 <빠삐용>의 주인공은 강한 의지의 인간만이 할 수 있는 자유를 향한 탈출을 보여준다. 병든 비둘기에게 만들어 준 안식처는 감옥이었나 보다. 비둘기를 작은 상자 속에 넣었을 때, 비둘기가 느꼈을 절망감과 공포감을 안겨준 내 손이 미안하고 부끄러웠다. 나는 차마 비둘기를 다시 안아 상자 속에 넣을 수 없었다. 어린 비둘기의 용기에 눈물 나게 감격했고, 죽을 힘을 다하여 탈출했음을 알겠기에 그랬다. 비둘기와의 짧은 꿈은 내일이 오기도 전에 사라지고 만 것이다.

그 내일의 아침 햇살이 뜰에 가득한 시간에 큰딸이 왔다. 마당에 들어선 딸의 비명에 놀라 돌아본 내 눈에 보인 것은 비참하게 찢어진 어린 비둘기의 시체였다. 소리 내어 울어보지도 못한 어린 비둘기의 고독한 최후는 그렇게 끝났다. 무리지어 손님처럼 오고 가던 비둘기들의 모습도 흘러간 옛 이야기처럼 사라졌다..

꽃길 외 1편

김 옥 춘
beadspring@hanmail.net

　잘 다듬어진 공원에 들어서자 모든 것들이 활기차다. 높이 솟구치는 분수대의 물줄기에 맞추어 왈츠 곡이 울려 퍼진다. 햇살에 빛나는 나뭇잎, 새들 지저귀는 소리, 놀이터에 아이들 떠드는 소리, 산책로를 열심히 걷고 뛰는 사람들, 곳곳이 생명의 소리로 넘쳐났다. 밝고 아름다운 풍경이다.

　집안에 우환이 있을 때는 아무리 온 세상이 밝고 색색의 꽃들이 지천에 깔려 있어도 마음은 어둡고 무겁기만 하다. 어느 날 어머님은 침대에서 내려오다가 발을 헛디뎌서 고관절에 골절이 생겼다. 인공고관절 수술 후 한 달 넘게 입원치료를 받고 퇴원 하던 날, 같은 병실 환자들과 보호자들이 악수를 나누며 작별인사를 했다. 교통사고로 한쪽 다리를 절단한 할머니 환자는 부러움인지 아쉬움인지

"또 오세요."하고 인사를 했고 어머니는 또 오겠다고 대답했다. 오가는 인사말이 거슬렸지만 서로의 고통을 위로하며 정이 들었기 때문이려니 귓등으로 흘렸다. 어머님은 세상에 부러울 것 없는 표정으로 소풍가는 아이처럼 즐거워 보였다.

집에 돌아오자 기분이 좋아진 어머님은 가까운 친지들을 보고 싶어 했다. 다음날 연락하기로 하고 주방에서 하던 일을 끝내고 방에 들어갔다. 그런데 방바닥에 고통스러운 표정으로 누워있는 어머님, 너무 놀랐지만 아무런 내색도 하지 못하고 안아서 침대로 옮기는데 수술한 다리가 그냥 흔들거리는 게 아닌가. 다리를 만지기만 해도 몹시 괴로워하셨다.

어머님의 고통은 생각할 겨를도 없이, 홍수에 둑 무너지듯 걷잡을 수 없이 나빠지는 현실 앞에 어떻게 수습을 해야 할지 막막했다. 가슴 깊은 곳으로부터 두려움이 몰려왔다. 그리고 내가 제대로 지켜드리지 못한 자책감과 또, 어머님으로 인한 짐이 자꾸만 커진다는 생각에 침대에 엎드려 통곡했다. 이제부터 어떡하지? 어머님은 어떻게 되는 것이지? 다시 병원과 집을 오가야 하는 나는 누구를 위해 살아야 하는 것이지? 어머님의 고통은 뒷전이고, 두려움과 불안함에 꺼이꺼이 울고 있는데 "미안해 에미야." 하는 작은 목소리의 어머님 눈에는 눈물이 그렁거렸다. 그제야 나는 아픈 내색도 못하고 있는 어머님 손을 잡고 털썩 주저앉은 채, 넋이 나간 사람처럼 한동안 움직일 수가 없었다.

어머님은 같은 병원 그 병실에 다시 입원했다. 재수술을 받고 통증이 가라앉자 오랜 병원생활에 지쳤는지 자꾸만 집에 가고 싶어

했다. 간병인이 있었지만 나날이 쇠약해지고 발꿈치와 등에는 욕창이 생기기 시작했다. 건너편 침대의 교통사고 환자 할머니는 어머님 얼굴에 죽음의 그림자가 보인다고 내게 은밀하게 말했다. 어머님도 본능적인 느낌 때문에 집에 가고 싶어 하는 것일까, 불길한 예감이 들기도 하여 병실에 있기 싫어하는 당신의 바람대로 의사의 동의를 얻고 퇴원하기로 결정했다.

  첫 번째 퇴원 때에는 앰뷸런스를 타고 왔지만 두 번째는 자가용으로 모시고 오는 길이었다. 세상은 색칠한 화폭마냥 밝고 화사했다. 칙칙한 병원의 아픈 사람들 속에서 비몽사몽간을 헤매던 어머니는 호기심어린 눈으로 밖을 내다보았다. 지나는 사람들의 옷차림이며, 길가 일년초의 앙증맞은 꽃무리들을 구경하는지 차창 밖의 풍경에서 눈을 떼지 못했다. 나뭇가지에 물오르기도 전에 입원했다가 꽃 피는 계절이 되었으니 그럴 만도 했다. "어머님, 근사한데로 드라이브할까요?" 했더니 고개를 끄덕이셨다. 멀지 않은 공원 쪽으로 차를 돌렸다.

  공원으로 가는 도로변에는 작지만 인공폭포도 있다. 인공폭포 주변에는 산책 나온 사람들이 많이 보였다. 나 역시 집과 병원을 오고 가기 몇 달, 건강한 사람들이 사는 모습을 오랜만에 보는 것 같다. 갓길에 차를 세우고 창문을 열었다. 밖은 온통 고운 봄꽃으로 치장한 꽃길이었다. 마침 인공폭포에서는 시원스레 물이 쏟아져 내리고, 쌓아올린 돌 사이사이마다 활짝 핀 영산홍과 철쭉꽃이 화사했다. 얼른 나아서 여기저기 꽃구경이나 다니자고 수다를 떨었다. 어머니는 "그러지 뭐." 하고는 의자에 몸을 기대며 슬며시 눈을 감으

김옥춘

셨다.

  어머님은 꽃을 좋아하고 여행을 즐겼다. 언젠가 시골에서 하룻밤 보내고 오던 날, 밤새 개구리가 얼마나 울어대던지 치마폭에 폭 싸다가 너에게 들려주고 싶더라고 했던 어머니. 집 앞 언덕 키 큰 아카시나무에 꽃이 피면 바람에 향기가 실려 왔다. 나다말다 하는 향기를 맡으려고 코를 킁킁대면, 아카시 꽃은 향기도 좋지만 모양도 버선코를 닮아서 참하다면서 꽃잎을 따서 먹기도 했다는 어린 시절 추억담을 들려주기도 했다. 퇴원 전 병실 창밖에 새하얀 목련이 우아한 꽃송이를 펼치던 날, 병실 사람들이 곱다고들 한마디씩 하는데, 지는 모습이 추하다며 싫다고 했던 어머니는 죽음을 연상했으리라. 감고 있는 눈가에 눈물이 맺혔다. 고통일까? 불안한 내일일까? 아니면 지나온 날을 생각할까?

  삼십여 년 전 아버님이 세상을 떠났을 때 아버님과 어머니는 쉰다섯 동갑이었다. 취업 준비하는 아들, 대학생과 고등학생도 있었다. 드러내어 슬퍼하지도 못했다고 했다. 그러나 아버님 가신 빈자리가 너무 컸던지 한동안 우울증으로 힘들어 하기도 했다. 어느 날 대문 앞에서 한쪽이 마비된 남편을 부축하고 걷는 이웃 부인을 바라보며 속내를 드러내셨다. 저렇게라도 살아 있는 게 더 낫지 않았을까 하셨다.

  어머님이 걸어온 길은 어땠을까? 고운 꽃길이었던 적은 얼마나 있었을까? 감은 눈가에 맺힌 눈물을 보자 마음이 아리고 코끝이 찡했다. 그날 퇴원하는 길에 잠시 머물렀던 공원 꽃길이 어머니 생애 마지막 나들이였다. 그곳엔 여전히 봄 되면 갖가지 꽃들이 무리지어 곱게 피어나지만 보여드릴 수 없다. 어머님에게 물어보고 싶은 이야기며, 해 드리고 싶은 것도 많았는데 고관절수술 후유증으로 건강을 회복하지 못하고 세상을 떠나셨다.

지나고 보면 아쉽고 후회되는 일이 많다. 그렇지만 퇴원하던 날 그나마 곱게 핀 꽃길에 함께 머물렀던 것이 내게 조금이라도 위안이 된다. 누군가를 위해서 베푼다고 하지만 그것은 결국 나를 위하는 일이다. 그날 몸이 불편한 어머님과 함께 했던 꽃구경은 하길 잘했다며, 시간이 많이 지난 지금도 나를 위로한다.

지금쯤 어머님은 건강한 다리로 아름다운 꽃길을 걷고 계시리라. 먼저 가신 아버님과 함께.

이름 없이 살다간 여인

모든 만물에는 이름이 있다. 이름이 없는 줄 알았던 풀포기도 사실은 내가 그 이름을 몰랐을 뿐이다. 사람은 이름대로 산다고 하여 돈을 들여서 소문난 작명가를 찾아가기도 한다. 그런데 평생 이름 없이 살았던 한 여인이 있었다. 나의 어머니이다. 이름 없는 여인의 일생은 어떠했을까.

내 아이들이 초등학교를 다닐 때, 부모와 조부모 외조부모까지 이름을 적어서 내라는 적이 있었다. 호적등본을 제출하라는 것도 아니고, 그냥 종이 한 장에 적어 보내면 되는 데도, 이름이 없는 외할머니를 호적에 있는 그대로 성과 氏라고 적기가 망설여졌다. 애들도 친할머니는 '귀할 귀貴 못 연淵' 하면서 한자까지 멋있게 썼는데, 외할머니는 왜 이름이 없고 '씨'예요? 하고 물었다. 나 역시 학교 다닐 때 엄마의 이름에 ㅇ氏라고 적어서 제출하려면 조금은 창피한 생각이 들어서 엄마는 왜 이름이 없냐고 어머니께 물었다. 그때 어머니는
 "니 이모 이름 지을 때, 너의 외할아버지께서 큰애는 금녀, 작은애는 옥녀라고 하자."
 하셨는데 큰딸인 엄마에게는 아무도 금녀라고 부르지 않았다는 것이다. 엄마는 이미 출생신고를 한지 오래되어서 그대로 살았다고 한다. 그 말이 쓸쓸하게 들렸다. 결혼을 하고 나서는 새댁으로, 첫아이가 생기자 누구 엄마로 불렸을 것이다. 지금도 여자들은 결혼을 하고 사회생활을 하지 않으면 이름 불릴 일이 별로 없는데 예전에는 더 그랬을 것이다.
 지금은 일이 잘 풀리지 않는다고 개명을 하는 사람들이 있다. 한번 호적에 올라있는 이름을 바꾸려면 가정법원에 사유를 적은 개명허가신청서를 제출해야한다. 그래서 이름이 마음에 들지 않는다고 앞길이 술술 잘 풀리는 이름을 지어서 개명을 하는 사람들도 있지만, 어머니는 이미 돌아가셔서 굳이 그렇게 할 필요는 없었다. 결국 어머니는 한 번도 이름을 가져보지 못한 셈이다.
 나는 애들을 핑계 삼아 어머니에게 이름을 지어드리기로 했다. 몇 가지의 이름을 놓고 저울질했다. 외할아버지가 지어주신 '금녀'로 할까 하다가 이왕이면 예쁘게 짓자 하고 '예분'이라고 적었다. 예전엔 여자아이는 '간난이' '언년이' '이뿐이' 라고 부르기도 했었다. 엄마도 이뿐이라고 부르던 그런 시절이 있었을 것 같아 발음을 표준어에 맞추어서 '이뿐' '예쁜'하다가 '예분'으로 정했다. 순수한 한글

김옥춘 39

이름 예분, 이미 돌아가신 분의 이름인데 문제될 일은 없을 것 같았다. 그 시기에 자라는 아이들에게 집안 어른들의 이름 정도는 알고 있어야 한다는 교육방침이었지 싶다. 우리 아이들도 외할머니 이름은 예분이라고 알게 되었지만, 어머니는 이미 이 세상에 계시지 않기 때문에 불러드릴 기회는 없었다. 만약 살아계신다면 개명신청을 해 드렸을 텐데 호적에는 여전히 ㅇ氏로 변함이 없다.

그런데 얼마 전 미국에 사는 딸에게 가려고 이스타 비자(ESTA VISA)를 신청하는데 전에는 없던 양가 부모님 이름을 적는 칸이 있어서 의아했다. 그러나 당황하지 않고 전에 했듯이 친정어머니는 예분(ye bun)이라고 영문까지 적었다.

예분, 불러주지 못한 이름은 슬프다. 그러나 불러줄 이름도 없었던 어머니 당사자는 늘 당당하게 살았다.

어머니는 열여섯 살에 아버지와 결혼을 했다. 아버지는 스물다섯 노총각이었다고 한다. 외할아버지와 친구사이였던 친할아버지는 어느 날
"자네 큰 여식을 우리 장남하고 짝지어주세."
라고 하여 열여섯에 꽃가마 타고 시집을 와서 두 분은 부부가 되었다. 엄마는 장가도 못가고 비실거리던 스물다섯 노총각이었다고 언젠가 아버지를 폄하하는 말을 했지만 먼발치에서 눈여겨보긴 했었다고 한다. 나는 클 때 아버지는 인물이 잘생겼다고 생각했다. 키 크고 눈도 크고 당당한 체격의 아버지였다. 그 무렵 나는 사람들 얼굴을 관찰하고 비교하는 버릇이 있었다. 친척 오빠들이나 멀리서

시집을 오는 새댁의 얼굴이 '이쁘다, 밉다, 잘생겼다.' 하며 맘속으로 평가하고는 했다.

　엄마는 자그마한 몸집에 얼굴도 작고 여성스러운 모습이지만, 성격과 일솜씨는 야무졌다. 못하는 것이 없는 엄마였다. 음식이나 길쌈, 바느질이며 시부모 모시는 일, 작은집 식구들과 친척들 관계도 잘 건사하셨다. 시골집 부엌의 무쇠 솥과 장독대의 항아리들이 언제나 반들반들했다. 엄마는 부지런하다는 말보다는 바지런했다는 말이 더 어울린다. 잠시도 몸을 놀리지 않고 일을 하셨다. 나는 아버지에게 말대답도 잘 못했는데. 자그마한 엄마는 아버지에게 가끔 잔소리도 잘했다. 당연히 나에게도 엄격했다. 코를 훌쩍일 때, 밥을 흘릴 때, 이웃어른에게 인사 안할 때, 뛰다가 넘어져도 혼났다. 그때는 잔소리라고 생각했지만 지나고 돌아보면 그것은 가정교육이었다. 아버지는 선량한 분이고 늘 자식들을 사랑으로 감싸주셨다. 집안에 불화는 거의 없었다. 두 분이 일찍 돌아가신 것이 아쉽기만 하다. 이름 없이 살았던 어머니, 인생에 오점은 없었다고 생각하지만 엄밀히 따지면, 어린 자식을 셋이나 앞세우고 남은 자식들이 어떻게 사는지 못보고 가신 것이 오점일 수도 있다. 그러나 그 시대엔 회갑을 넘기는 사람이 많지 않았기 때문이려니 마음을 달래본다.

　어머니의 삶의 점수는 자식들에 의해 평가되기도 한다. 이름도 없이 살았던 어머니의 자식 삼남매와, 그에 딸린 아들딸과 손주들이 모이면 웃음이 끊이지 않고 즐겁다. 모난 자식 없고 특별히 앞서지도 또 뒤처지지도 않고 모두 감사하는 마음으로 서로서로를 챙긴다. 앞으로 펼쳐갈 다음 세대까지도 예븐 어머니를 기리며 누가 되지 않고 반짝이며 살리라 믿어본다.

5월의 서울 나들이 외 1편

김 재 형

  엄마, 아버지께서 꽃단장을 하고 밖으로 나가셨다. 아무래도 낌새가 이상했다. 양손에 물건을 챙겨들고 저만치 들판 길을 걸어가는 모습이 평소와는 다른 먼 길 행차로 보였다. 본능적으로 나는 들판으로 뛰어나갔다. 맨발에 반바지, 사진 속 그때 모습을 보면 영락없는 코흘리개 어린애였다. 아버지 품에 안겨서 십리 길을 걸어야 했다. 읍내에 도착하자 부모님께서 신발도 챙겨주셨고, 옷도 사서 입혀 주셨다.
  논산 기차역에 도착하여 완행열차를 탔다. 기차 안에서 삶은 계란과 물로 요기를 했다. 여러 역을 지났다. 그때는 역 이름을 알 수 없었다. 성장한 후에 생각해 보니 연산역, 서대전역, 대전역, 신탄진역, 천안역 등 이십여 개 역을 지났을 것이다. 화통에 석탄을 넣어서 달리는 증기 기관차는 칙칙 폭폭 칙칙 폭폭 소리를 내며, 무려 열 시간을 달려서 서울역에 도착했고 우리는 인근 작은 여관방에서 하루를 묵었다.

　이튿날 한강 건너편 광나루에 살고계신 먼 친척 아저씨를 만나러 갔다. 아저씨는 콩이나 보리 호밀 등의 밭농사를 짓고 있었다. 그곳에 며칠 묵으며 부모님께서는 이런저런 이야기를 나누셨다. 그 분의 초대로 부모님께서 생전 처음 서울 나들이를 하게 되었던 것이다. 당시에는 한강에 다리가 없어서 쪽배를 타야 했다. 강을 건네주는 사공이 노를 저어서 우리를 뚝섬 광나루까지 태워 주었다. 한강 주변에는 버드나무가 늘어져서 멋있게 보였다.

　드디어 내 생애 처음 창경원 구경을 하게 되었다. 무엇보다 원숭이를 보며 내 눈은 휘둥그레졌다. 귀여웠지만 낯설게도 느껴졌다. 지금은 흔한 동물 그림책조차 당시에는 본 적이 없었기에 그랬던 것 같다. 덩치 큰 코끼리나 호랑이를 보면서도 믿어지지 않았다. 높고 넓은 그물망에 둘러쳐진 곳에서 여러 새들도 보았다. 황새, 두루미, 앵무새, 꼬리 깃털을 활짝 편 공작새…. 동물원 다음으로 신기했던 것은 종로 2가 화신백화점이었다. 아주 찬란했다. 온갖 눈부신 옷들과 귀금속, 그리고 수많은 사람들을 보며 입을 다물지 못했다.

　퇴사 후 어언 20여 년의 세월이 지났다. 창경궁이 동물원이 되었던 것은 일제 식민지 당시 국가 왕권을 비하시키고 자긍심을 격하시키려는 일제의 의도적 정책이 숨겨져 있다고 했다. 현재는 창경궁이 모두 복원되어 온 국민의 사랑을 받으며 우리나라 왕권 역사의 산실이 되고 있다. 한때 현대 본관 건물에서 일했던 회사원으로 창경궁과 비원 일대를 오고갔던 시절이 있었다. 본래 모습을 찾은 창경궁은 더욱 정감이 느껴진다.

  아름다운 꽃과 녹음이 우거지는 5월의 정취에 젖어, 여섯 살 어린 아이의 마음으로 그림책을 펼친다.

얼굴

　창문을 여니 안산 숲에서 부는 싱그러운 바람이 얼굴에 스친다. 10미터가 넘는 메티타세콰이어와 소나무 사이로 외국인들이 사는 아파트가 보인다. 한국에 거주하는 다양한 외국인들, 애들부터 어른까지, 여자, 남자 각기 모양과 피부 색깔도 다양하다.

　내가 보고 싶은 얼굴은 멀고 먼 산과 숲, 푸른 하늘에서 실려오는 친근한 얼굴이다. 귀를 스치는 바람 소리, 기억 속에 떠오르는 여러 모습의 얼굴들. 초등학교 4학년 담임이었던 장 선생님, 별명이 떨빙이인 선생님은 풍금을 치면서 노래를 잘 하셨다. 고등학교 2학년 담임이셨던 김 선생님, 시를 읊었던 국어 선생님은 술을 무척이나 좋아하셨다. 낮에도 가끔 코끝이 빨갛도록 반주 겸 술을 마셨다. 좀 철학적으로 사신 분이지 싶다. 가끔은 돌아가신 내 아버지의 인자한 얼굴도 보인다.

서울에 올라 와서 처음 만난 얼굴은 북아현동 하숙집 할머니, 전라도 신태인이 고향인 욕쟁이 할머니다. "이 썩을 눔들아, 밥 묵으라잉."하고 하숙생들에게 소리 치곤 했다. 그러나 그런 소리가 섭섭하거나 싫지 않았다. 오히려 정감이 느껴졌다. 그분의 남편인 할아버지는 6·25 때 홀로 내려와 3.8선 막혀 처자식과 생이별했다. 북녘에 두고 온 처자식이 그리울 때에는 별이 돋는 북녘 하늘을 바라보며 눈물을 감추곤 했다. 세상 살면서 한과 설움 없이 사는 사람이 누가 있을까. 누군가의 얼굴은 그와 함께한 시간을 추억하게 한다.
　욕쟁이 할머니의 하숙집에는 4평 안 되는 방에 7명이 넘는 학생들이 함께 지내기도 했다. 나는 고등학교 2학년부터 대학 2학년까지 거기서 지냈다. 지금도 만나는 친구 재석이는 대학 같은 과 친구여서 많은 시간을 함께 보냈다. 욕쟁이 할머니의 욕을 제일 많이 먹었던 친구로 술을 마시고 밤늦게 돌아와서 할머니의 화를 돋우었던 친구, 은퇴한 후에는 꽃동네에서 수년간을 봉사하는 아름다운 삶을 살았고, 여전히 친구들 모임에서 얼굴을 마주하니 마음이 든든하다.

　주일에 교회 예배를 마치고 백양로를 가족과 함께 걸었다. 연세로를 따라 뒷산에 있는 윤동주 시비를 지나면 그의 얼굴을 떠올리게 된다.

　　죽는 날까지 하늘을 우러러/ 한 점 부끄럼이 없기를/
　　잎새에 이는 바람에도/ 나는 괴로워했다/
　　　　　　　　　　　　　　― 윤동주 서시 중에서 ―

하늘과 시와 윤동주와 나를 생각하며 안산에서 부는 바람을 느낀다.
'아아, 나는 아직 살아있구나. 숨 쉬고 있구나. 이 넓고 큰 세상에 살고 있으니 얼마나 행복한가.'
앞으로 나의 얼굴은 어떤 모습일까 상상하며 하늘을 본다.

강릉 수채화 외 1편

김 혜 양

하늘의 별을 보고 출렁이는 바닷물 소리에 귀를 기울이고 있을 때, 바람에 실려 온 솔잎의 속삭임도 들리는 듯하다. 서울에서 보았던 소나무와는 모양이나 색깔이 다른 해송이 이국적 느낌을 자아낸다. 옆으로 가지를 뻗기보다 쭉쭉 솟아오른 낙락장송처럼 멋져 보였다.

바닷바람에 견디는 힘이 강해서 '해송'인가. 잎이 억세어서 '곰솔'이라고 부르고, 줄기 껍질이 검다고 해서 '흑송'으로도 불린다. 강릉 해송림은 700년 전 형성되어서 손에 꼽히는 강릉의 명소로 알려진 것을 이곳에 와서 알았다.

강릉 여행 첫날, 호텔 뷔페식당에서 식사를 한 후에 남편과 아들과 함께 찾은 곳은 고즈넉한 솔숲이었다. 돗자리를 펴고 누워서 도란도란 이야기를 나누고 있을 때 연방 폭죽 터지는 소리가 들렸다. 한 가닥 노란 불빛과 타닥타닥 흩어지는 불꽃이 어우러져서 개구쟁이가 있는 가족이 화려한 여름밤을 꿈꾸는 것이려니 생각했다. 고요한 휴식을 깨는 소리라면서 남편은 설레설레 고개를 저었지만.

 자정을 넘어서 숙소로 돌아와 침대에 누웠는데 아들은 베란다 의자에 앉아서 혼자만의 시간을 갖는 듯 했다. 잠시 아들을 위해 기도를 하다가는 해풍을 머금은 밤기운 때문인지, 낮에 파도에 실려 수영을 했던 때문인지 노곤해진 몸으로 꿈속을 헤매었다.

> 어제 같은 오늘/머리 속에 날아든 식상한 레퍼터리
> 오늘 떠나야겠다/일상의 잠과 먼지를 털어내고
> 어느 섬에고 홀로 서 있겠다/섬은 바다를 부르고
> 조타수의 몸짓에/부푼 꿈을 날리며 떠나가리라.
> 바람에 뒹구는 생각의 갈피를 좇아/파도는 출렁이고
> 뜨거운 햇살 속에서/바다가 꿈을 꾼다.
> 아스라한 수평선 끝에/내 꿈도 날개를 편다.
> ─ 나의 시 ─

 '초당 두부' 맛집에서 아침 식사를 하려고 짐을 챙겨서 경포 호를 따라 길을 걸었다. 잔잔한 호수 주변은 나무들과 풀숲이 우거졌고 멋진 벤치나 정자도 있어서 중간중간 쉬면서 사진을 찍었다. 마당에 작은 등불을 켜놓은 정갈한 식당을 지났지만, 아들이 가려는 장소가 아니라고 했다.

  경포호에서 멀리 떨어져 나오자 텃밭들이 줄지어 있고, 각종 채소와 식물들, 야생화들을 볼 수 있었다. 해바라기, 나팔꽃, 채송화, 맨드라미, 코스모스 같은 눈에 익숙한 꽃들이었다. 옥잠화, 봉숭화, 달맞이꽃, 깨꽃과 각종 채소들까지 남편은 풍경을 연신 사진으로 담아내었다. 다양한 색채와 푸른 싱그러움이 얼마나 예쁘던지! 고추, 배추, 호박, 들깨, 열무, 씀바귀가 심어진 텃밭을 빠져나오자 비로소 아들이 도착했다고 말했다.

  조금 전까지만 해도 한산해 보이던 거리, 관광객도 모두 물러난 듯 했는데 어디에 숨었다가 나타났는지 시끌벅쩍 사람들로 붐볐다. 맛집은 어찌 그리도 잘 알고 찾아다니는지 신기할 정도다. 청국장, 황태 구이와 손두부 등을 먹고, 맞닿아 있는 카페에서 냉커피와 차를 마셨다.

  지금쯤 딸과 사위는 제주도 신혼 여행길에 올랐으리라. 올해는 대사를 치르고, 남편과 나와 아들도 뜻깊은 여름을 보내고 있지 않은가. 나른한 오후의 여유를 즐기며 다시 산책길에 나섰다.

  얼마를 걸었을까. 한적한 시골 학교 주변에서 또 다른 해송 숲을 만났다. 붉은 벽돌로 지은 건물 뒤쪽으로 솔숲이 우거져 있는데 방학이어서 그런지 학생들 모습은 보이지 않았다. 왠지 소설 속의 한 장면으로 걸어가는 느낌이었다. 호젓하면서 고즈넉한 분위기는 햇살이 화사하게 비쳤다면 달리 느껴졌을까.

  멀찌감치 가방을 둘러메고 맨발로 걸어가는 아주머니가 보였다.

소나무를 타고 올라가는 날렵한 청개구리 한 마리가 숨바꼭질이라도 하려는 걸까, 재밌고도 귀여웠다. 솔숲의 풋풋한 공기가 상큼했지만 서울 한복판의 '빨리 빨리'에 익숙했던 일상과 대조 되면서 쓸쓸함마저 감돌았다.

 보슬비가 내리기 시작했다. 아들이 서둘러 택시를 불렀다. 중앙시장 쪽 도로로 들어섰을 때는 제법 굵은 빗줄기가 택시의 차창을 타고 흘러내렸다. 우리는 챙겨온 우산을 펴들고 시장 안으로 뛰어갔다. 강릉여행을 기념할 물건도 사고 맛집에서 먹었던 황태를 사러 간 것이다. 가게마다 가지런하게 묶어놓은 황태 묶음들이 황금빛 기운을 발하고 있는데, 황태묶음에 오징어채까지 덤으로 얹어주는 아주머니의 넉넉한 손길을 느꼈다. 딸의 결혼을 축하해준 오빠와 언니들에게 황태 선물을 할 생각으로 흡족했다.
 서울로 가는 KTX를 기다리면서 역에서 멀지 않은 카페에 앉아 따뜻한 차 한 잔 마실 여유도 있었다. 새해 벽두부터 딸의 결혼 준비로 분주했고 긴장했던 시간들이 모두 보상을 받은 것 같았다. 솔숲 아래서 정겨운 얘기꽃을 피우면서 가족과 함께 즐거웠다.
 창밖에는 여전히 축복처럼 보슬비가 내리고 있었다.

인생 김밥

　김밥의 맛은 속에 넣는 재료로 달라지게 마련이다. 어릴 적에 할머니께서 싸주신 김밥에는 잘게 다진 멸치 볶음이 들어가서 맛이 좋았다. 요즘처럼 당근을 그대로 넣지 않고 볶아서 넣었던 정성도 맛을 더해 주었다.
　나는 바쁘다는 핑계로 김밥을 거의 싸본 적이 없지만 앞으로 김밥을 만든다면 계란 지단과 함께 멸치 볶음을 꼭 넣을 것이다. 하얀 쌀밥에 참기름과 깨소금을 알맞게 버무려서 준비한 재료들을 넣고 정성껏 싸 보려고 한다.

　분주해진 일상을 살아가는 내 인생 김밥의 재료는 무엇일까? 남편과 함께 시작한 도시락 배달, 중급 영어 회화반 수강, 가족 모임이나 집안 일 등이 모두 소중하다. 최근에 거동하기 힘든 노인들에게

김혜양

도시락을 배달하면서 6000보 정도를 걷게 되니 건강에도 도움이 될 것 같다. 영어 회화 반은 김밥 재료로 말하면 멸치볶음과 흡사하다. 우리말 단어도 가끔 잊어버리는 나이에 영어 단어나 문장이 입에서 툭 튀어 나오는 것이 쉽지 않지만 반복 또 반복을 통해서 가능하게 되었다. 씹을수록 맛이 더해지는 멸치볶음의 달달 오묘한 맛처럼 길을 가면서도 영어 문장을 곱씹어 보면 그렇게 신이 난다.

이처럼 인생 김밥이 잘 말리고 있어서 흐뭇하게 여기고 있을 때 예기치 않은 일이 발생했다. 도시락 배달을 마치고 오후에 집에 와 보니 휴대폰을 넣는 가방을 잃어버린 걸 알았다. 그 속에 도장과 교통카드도 들어 있어서 이튿날 동사무소에 가서 신고를 해야 했고, 잃어버리고도 바로 알아차리지 못했기에 화가 났다. 비록 나이는 들어가도 늘 마음은 청춘 같았는데 현실로는 더 이상 젊음이 아니라는 자각을 하며 씁쓸해졌다.

영화 <The intern>에서는 은퇴 후에 겪게 되는 위기의 순간을 벗어나기 위해서 "get up! get out the house." 라고 말하면서 주인공이 이불을 박차고 나온다. 그러나 어찌 밖으로만 나다닌다고 해서 문제가 해결될 수 있겠는가. 새로운 활동 못지않게 사색과 묵상의 시간이 필요할 것이다. 생각이 짧으면 쓸데없는 망상에 **빠지게** 되고, 집중력도 떨어지게 마련이다.

김밥의 밥과 김을 인생 김밥에는 생각과 글이 대신한다고 감히 말하고 싶다. 탱글탱글 잘 익은 밥알처럼 깊은 생각들을 고르게 펼쳐서 단단하게 감싸주듯이, 그렇게 내 인생 김밥은 좋은 수필을 쓰는 것으로 귀결되면 좋겠다.

 김밥을 말다가 옆구리가 터지면 실망도 하지만 그래도 정성껏 도시락에 넣어주는 것처럼, 인생 김밥에도 무수한 실수와 시행착오가 있겠지만 절대로 포기하지 않을 것이다.

 오늘도 나는 책상 앞에 앉아서 생각을 가다듬고 인생 김밥을 말고 있는 중이다.

그렇게 물들어 가다

남 현 선
hsnam841125@hanmail.net

 길을 지나가다 문득 올려다본 가을하늘. 보기 드문 청명한 하늘이다.
 나뭇잎 색이 반쯤은 햇빛에 물들어 노랗고 또 붉기도 하다. 쏟아지는 햇살을 받아들이고 그렇게 물들어 가는 중이다. 각자 고유의 색깔이 있기에 단풍나무 잎은 빨갛게, 은행나무 잎은 노랗게 물들어가며 본래의 색깔이 드러나는 듯. 어느 것은 진하게 어느 것은 연하게, 어느 것은 무슨 색인지 선명하지는 않지만 각자 자기의 색을 드러낸다.

 얼마 전 딸이 쇼핑백을 들고 부리나케 안방으로 들어오면서 "엄마, 나 색깔 테스트를 했는데 이 색이 나한테는 퍼스널컬러(personal color)래."라며 옅은 하늘색 원피스를 펼쳐 보이며 신나는 표정이다.

요즘은 전문가의 도움으로 자신에게 가장 잘 어울리는 색(personal color)을 찾기도 한단다. 난 '평소에 입는 옷 중에서도 유난히 잘 어울리는 색이었는데 뭐 굳이...'라고 딸이 기분 상할까 싶어 속엣말을 한다. 직접 입어보고 눈으로 보면 알 수 있는데 굳이 돈을 들여 확인해야되나 싶었다. 그러면서도 은근히 궁금해져서 정보를 달라고 했다. 내가 즐겨 입는 색과 좋아하는 색은 분명 다르다. 특히 옷을 고를 때 그렇다. 나이들면서 늘어나는 체중 때문에 체형을 가릴 수 있는 검정색을 대부분 선호한다. 옷장을 열어보며 딸이 "뭐야 엄마 옷은 색깔이 다 장례식 옷이야! 엄마도 한 번 해볼래?"한다. 이참에 나도 한 번 도전해 볼까 싶었다.

  사람들은 이제 색깔뿐만 아니라 음식, 음악 등 여러 방면에 개인의 취향이 뚜렷해지면서 서로 다름을 존중받기를 원한다. 예전에는 다들 좋은 게 좋다는 생각으로 자기의 색깔을 표현하고, 주장하는 목소리를 내기보다 상황과 분위기에 맞추는 것이 자연스러웠고 또 미덕이라고 생각했다. 옷 색이 화려하면 왠지 주변이 의식되어 마음이 불편해진다. 그래서 무채색이 무난하고 편했던 나와는 다른 딸을 보며 다시 알아가는 것들이 있다. 요즘 젊은이들은 자기 자신이 좋아하는 것들을 구체적으로 알고 표현해 보려고 한다. 자신에게 잘 어울리는 색의 옷이며, 메이크업, 헤어스타일 등 외모뿐만 아니라 성향도 테스트를 통해 분류하고 이해하려고 한다. 이렇듯 각자 개인의 취향과 타인의 취향에 관심을 많이 가진다. 뿐만 아니라 그것이 서로 어떻게 다르고 존중되어야 하는 지에도 관심이 많다.

사람과 사람의 관계도 서로 영향을 주고받으면서 서로에게 물들어 간다.

각자 지닌 소리도 그럴 것이다. 사람과 사람 사이에도 눈에 보이지는 않지만 느껴지는 무언가가 있다. 서로의 날카로운 에너지가 부딪치면 불협화음이 일고 또 그것은 무언으로 전해지기도 한다. 간혹 '저 사람 왠지 주는 거 없이 밉지?'할 때가 있다. 그 사람과의 관계에서 명확히 알지는 못하지만 서로를 향한 불협화음이 침묵 속에 깔려 있을 것이다. 어쩌면 각자가 자신을 돌아봐야 하는……반면에 특별한 말은 없어도 눈빛이나 목소리에서 전해지는 공명을 느낄 때도 있다. 사람과의 관계에서 편안하고 따뜻한 공감을 느끼려면 서로간의 적절한 거리가 필요하다.

> 함께 있되 거리를 두라
> 그래서 하늘 바람이
> 너희 사이에서 춤추게 하라
>
> — 칼릴 지브란(kahlil Gibran) —

이 글귀가 참 마음에 와닿는다.

돌아보면 자연에도 각기 다른 소리들이 있다. 고요한 숲속으로 들어가 가만히 귀를 기우려보면 여러 가지 많은 소리들이 들려온다. 계곡에서 재잘재잘 소곤거리며 내려가는 시냇물 소리, 겨울 마른나무 가지 사이로 지나가는 바람소리, 거기에 화답하듯 간간히 들리는 이름 모를 새들의 노랫소리, 잔잔한 강물에 따스한 햇살이 내려와 반짝반짝 빛나는 윤슬을 만드는 가벼운 바람소리 등 각기 다른 소리가 어우러져 아름다운 하모니를 만든다.

어느 해 가을, 스산한 날씨에 길을 나섰다. 길을 따라 마치 사열하듯 쭉 뻗어 온통 노랗게 물든 은행나무들. 바람에 흩뿌려져 노란융단을 만든 정경에 감탄의 소리가 새어 나왔다. '아, 이래서 살아갈만하고 또 살고 있구나!' 순간 충만함에 가슴이 벅차올랐던 것을 기억한다. 사람의 마음과 자연이 만나 가슴을 채워주던 감동, 그러나 그 더 이상 지속되어지지 않았다. 어느 가을날에 마음에 감동을 주었던 색깔이든, 자연과 사람 또는 사람과 사람사이에 일어나는 공감대든, 이들 모두 서로에게 영향을 주고받으며 물들어 간다. 각자 고유의 것을 지닌 채.

'마음이 허기지면 감동으로 채워야 한다. 감동은 밥이나 빵처럼 원할 때마다 쉽게 주어지지 않는다.'고 한다. 마음이 허기질 때, 자연으로 돌아가 소리에 귀 기울이고, 햇빛을 받아 물들어가는 풍경을 보며 깨달아가는 것이다. 각자 고유의 본성에 따라 받아들이고 표현해 내는 자연의 신비를.
　문득 마주한 가슴 설레게 푸른 가을하늘을 보며, 서로가 서로에게 영향을 주고받으며 곱게 물들어가는 모습에 마음을 **빼앗겨** 본다.

남현선

제2부

박귀숙 박숙희 배공순
배정순 변명희 서순정

마트의 꽃 외 1편

박 귀 숙
altian7@naver.com

계산을 마친 첫 고객이 사탕 하나를 건네며 빙긋이 웃는다.
"애쓰셨습니다. 즐거운 하루 보내세요."
"네, 감사합니다. 고객님도 좋은 하루 보내십시오."
계산대를 빠져나가는 고객을 향해 인사를 건네는 내 입가에도 미소가 번진다.

우연히 신문 전단에 이마트 사원모집 광고를 보고 지원서를 제출했더니 덜컥 합격이 되어 2007년 10월 3일에 입사했다. 처음엔 다른 직업을 찾기 전에 잠시 거쳐 갈 생각이었다. 그런데 아직도 이마트에서 근무하고 있다. 내가 학교에 다닐 때는 수학을 무척 좋아하다 보니 수학 선생님까지 좋아했었다. 그렇지만 그건 공부였고, 캐셔로 일하는 건 다르다. 그리고 나는 계산하고 따지는 걸 그다지 좋아하지 않는 편인데도 말이다.

캐셔는 서비스업에 종사하는 정신적 육체적인 노동자다. 거기에 또 하나 감정노동자다. 근무 시간을 이탈할 수 없고, 신속 정확 친절하게 고객을 응대해야 하며, 계산할 때는 정신을 집중해야 한다. 그날의 행사 내용과 자주 업데이트되는 업무 등을 숙지해야만 빠르면서도 정확하게 계산할 수 있다. '마트의 꽃'이라 할 정도로 계산대의 최접점에서 캐셔의 역할과 태도는 아주 중요하다.

최근 셀프계산대가 설치되었다. 그 후 캐셔가 결원이 생겨도 자리를 메꾸지 않는다. 고객의 신속한 계산과 편의성을 위함이란다. 하지만 한 사람이 셀프계산대 여섯 개를 관리하니, 바쁜 주말엔 호출하는 고객이 많아 더 힘들다.

"여기요."

"고객님, 뭐가 문제인가요?"

"기계가 고장이 났는지 계속 창이 떠서 안 돼요."

"네, 이 고객님 다 끝나가니 잠시만요!"

도와주고 있던 고객의 계산을 마치자마자 부랴부랴 뛰어가 보면 상품을 스캔하지 않고 포장 대에 넘겨 제대로 안 되고 있었다.

"제가 찍었을 때 분명 소리가 났단 말이에요."

"아, 그러시면 화면에 상품이 찍혔는지 확인하고 포장대로 넘기면 돼요."

내심 화가 나기는 했지만 내색하지 않고 차근차근 설명한다. 그게 감정노동자의 현실이다.

또 여기저기서 호출이다. 기계가 제대로 안 된다는 둥, 포인트를 사용하려는데 어떻게 해야 하냐는 둥, 이유도 제각각이다. 기계는

터치하면 움직일 뿐인데 처음 대하는 고객들은 어렵고 어색하다. 창이 뜰 때마다 선택하고 다음 단계로 넘겨야 하는데 할 때마다 헷갈린단다. 그러니 시간이 더 걸릴 수밖에…. 그래도 어쩌랴. 일반 계산대가 부족한데 말이다.

꼼수처럼 보인다. 계산대의 인력을 줄여 타 부서의 빈자리에 배치하면 인건비가 절약되기 때문이 아닐까. 회사는 셀프계산대를 '스피드계산대'라 칭하면서 신속함과 편리함을 내세운다. 거기에 더해 '고객의 안전한 쇼핑을 위해 CCTV가 녹화 중입니다.'라고 녹음된 음성이 들린다. 상품의 로스를 예방하기 위함이 숨어 있는데…. 어쩌다 고객들은 계산이 빠르고 잘 되면 신기해하면서도 캐셔의 일자리를 염려해주기까지 한다. 캐셔도 마찬가지로 본연의 업무가 없어질까 걱정이다.

일부 고객들은 일반 계산대를 선호한다. 그들은 여태 해왔던 것에 익숙해 있고 사람이 직접 계산해야 신속하고도 확실하다고 생각한다. 또한 고객은 대면 업무라 놓칠 뻔했던 행사 정보까지 알 수 있어 더할 수 없이 좋단다.

어느 날 내 친구 금자 씨를 닮은 고객한테 쫓아가 인사했더니 내 친구가 아니었다. 그 순간 멋쩍어했지만, 지금은 그 고객과 인생 선배 같은 관계가 되었다. 계산할 때마다 고객 또한 굳이 나를 찾아오기까지 한다. 그것도 인연이라 고맙기만 하다.

또 어떤 고객은 계산하는데 내 말씨가 불친절하다며 사투리를 고치라고 한 적이 있다. 오십 년 넘게 사용한 사투리를 어떻게 하루아침에 고칠 수 있단 말인지…. 어이가 없긴 했지만, 고객님이 잘 안 들린다고 해서 큰 소리로 말했던 건데 그게 화난 것처럼 들렸나 보다. 내 설명 끝에야 고객도 오해했다면서 그다음부터는 '최우수 캐셔'라고 칭찬하며 꼭 나한테 찾아와 계산한다.

 그렇듯 여러 고객을 대하다 보니 내가 마음을 다할 때 고객도 감동하고 고마움을 표현한다는 걸 알게 되었다.

 곧 정년퇴직을 앞두고 일터로 나서는 발걸음이 가볍기도 하지만 아쉬운 마음이 더 크다.

 그동안 이마트가 내게 휴일을 안겨주어 자기 계발과 취미활동에 활력소가 돼주었고, 숨통 역할을 해 주었기 때문이다. 게다가 힘들 때마다 따듯한 동료들의 응원과 가족 사랑의 힘으로 즐거운 삶을 선물 받지 않았던가.

 갈수록 기계가 대체되는 세상에 고객은 소통을 원하고 있다. 기계는 인간의 감정을 다독여 줄 수 없다. 시대를 거스를 수는 없다지만, 유통의 변화로 '마트의 꽃'이 사라져가니 내심 씁쓸하다. 고객과 함께해야 따듯한 세상이 되지 않을까.

봉정암 가는 길

　지난 구월 중순, 남편과 함께 봉정암을 찾아가던 길이었다. 새벽 여섯 시 전에 숙소에서 나와 미시령 톨게이트를 지날 무렵 안개가 자욱했다. 백담사 쪽으로 가기 위해서는 용대 삼거리로 나가야 했다. 안개 덮인 사이로 이슬비가 내리고 있었다. 예정보다 일찍 용대 삼거리 인근, 백담사행 셔틀버스를 탈 수 있는 주차장에 도착했다. 차에서 등산화로 바꿔 신고 셔틀버스 탑승권을 구입하고 줄을 서서 기다렸지만, 순서대로 승차하다 보니 우리 부부는 두 번째 차를 탈 수 있었다. 봉정암에 오르기 위해서는 일단 백담사 입구까지 가야 했다. 깊은 계곡 길을 달려서 백담사 입구에 도착하니 일곱 시였다. 봉정암까지는 10.6km를 걸어야 했다. 여전히 안개는 자욱했다.
　오래전부터 봉정암에 가고 싶었다. 그러나 바쁘게 살다 보니 찾지 못했다. 봉정암 가는 길, 계곡을 따라 걷는 길은 감탄을 자아내게 했다. 신선한 공기와 에메랄드 빛깔의 물이 마음속까지 시원하게 씻어주었다. 쉬엄쉬엄 걸어 8시 30분쯤 영시암永矢庵에 도착했다. 영시암은 조선의 유학자 김창흡(1653~1722)이 지은 절이다. 그러나 폐허로 남아 있던 것을 여러 번에 걸쳐 중건했다. 대웅전에 들어가 참배하고 간식을 먹었다. 마침 절에서 참배객을 위해 마련해 둔 커피도 마실 수 있어서 고마웠다. 한결 힘이 솟았다.

 다시 걷기 시작했다. 수렴동 계곡 대피소에 도착해서 잠시 숨을 고르고 또 걸었다. 내 속의 나를 찾아 걸었다. 옆에서 남편이 말없이 뚜벅뚜벅 걸었다. 둘이서 앞서거니 뒤서거니 하며 말이 필요 없었다. 이제야 우리 부부가 함께 봉정암에 갈 수 있어 기뻤다.

 돌아보면 나는, 물처럼 살고 싶었다. 그런데 살다 보니 그게 쉬운 게 아니었다. 온갖 바위와 부딪히며 아파하고 어떤 땐 세찬 소沼의 소용돌이 속에 갇혀 허우적거릴 때도 있었다. 내 마음이 힘들고 외로울 때는 조용한 산사를 찾거나 바다를 찾기도 했다. 그리고 그곳에서 마음의 위로를 받을 수 있었다. 봉정암을 찾아가며, 계곡의 수정같이 맑은 물을 보니 그간 어지럽던 마음도 깨끗이 씻어지는 듯했다.

 바위와 돌계단, 철 계단, 나무 계단 등을 오르고 내리며 쉬지 않고 걸었다. 너무 힘에 부칠 땐 너럭바위 위에 앉아 물과 간식을 먹으며 힘을 보충했다. 가끔은 물속에 손을 담그고 그 시원함을 온몸으로 느꼈다. 인증사진도 남기고 또 출발했다. 조금씩 숨도 가쁘고 걸음도 더디어졌다. 신발도 무거워 발걸음을 옮기기가 힘들었다. 고개를 들어보니 하늘이 파랗게 보였다. 소리를 질러 보았다. 곧 정상에 다다르리라 믿었다.

　마지막 봉정교 입구에 커다란 나무 한 그루가 길을 가로질러 누워 있었다. 고개를 숙여야만 지날 수 있는 곳이었다. 오를수록 겸손해야 하는 인간의 마음을 뜻하는 것 같았다. 곧바로 아주 가파른 철제 계단을 올라갔다. 마지막 깔딱고개가 500m 남았다. 해탈의 고개란다. 그 구간을 오르는 중 두세 번은 걸음을 멈췄다 가야 숨을 고를 수 있었다. 뒤돌아 내려다보니 눈앞으로 펼쳐진 경치는 말로 표현할 수 없을 정도로 아름다웠다. 200m 남았다. 내리막으로 가다가 또 오르막으로 쉼 없이 올라가다 보니 마침내 봉정암에 도착했다.

　봉정암, 진정 찾고 싶었던 곳이었다. 잠시 물로 목을 축이고 사리탑으로 올라갔다. 스님이 염불하고 계셨다. 나도 그 뒤편에 앉아 부처님 사리탑을 바라보며 절을 했다. 이곳까지 무사하게 올라오게 되어 감사하고, 또 가족의 건강과 사랑을 축원하며 기도했다. 어느새 흠씬 젖었던 등판의 땀도 식었다. 하늘이 푸르고 햇살은 더 눈부셨다. 뒤쪽 전망대에 올라 공룡능선을 바라보며 그 경관에 감탄했다. 참으로 아름다운 곳에 사리탑을 봉안하셨구나! 생각하였다.

　앞만 보고 살아왔던 지난날이었다. 이제 이순耳順의 나이로 들어서고 보니 옆도 뒤도 돌아보게 된다. 세상은 혼자 살아가는 건 아니다. 함께 같이 손잡고 살아가야 한다. 긴 시간 힘들었지만, 내 속의 나와 만나는 수행과 기도의 시간이었다. 이렇게 오래도록 걸어본 게 처음이다. 내 인생의 한 점을 찍은 느낌이다.

봉정암에서 돌아오는 길, 백담사 주차장에서 아름다운 저녁노을을 바라보며 그간 여행 준비에 애쓴 남편한테 고맙다는 말을 전한다.

귀비貴妃 여사 외 1편

박 숙 희
jinhobark@hanmail.net

　나는 귀비 貴妃 여사다.
　춘삼월에 송별식과 환영회가 있었다. 새로 부임하는 분과 떠나는 분의 인사이동을 하는 자리였다. 물론 일면식 있는 이도 있었지만 처음 보는 사람도 꽤 있었다. 그래서 이번 장소는 넓은 곳으로 정하고, 여러 사람이 앉을 수 있게 탁자도 긴 것으로 준비했었다. 탁자가 너무 긴 탓에 맞은편에 앉아 있는 사람들과 눈인사하는 것조차 쉽지 않았다.
　나는 그곳에서 새로 오신 분들에게 정보와 그들의 궁금한 사항에 대해 알려 주고 싶었다. 대화가 무르익을 무렵, 내가 앉은 자리에서 제일 멀리 떨어진 분이 계속해서 내게 시선을 보내고 있었다. 한참을 곰곰이 생각하니 내가 아는 사람이 아니었다. 불편할 정도로 나를 빤히 보고 있었기에 눈을 어디다 고정해야 할 지경까지 이르렀다. 그런데 그때 그 사람이 벌떡 일어나 나를 쳐다보며 다가왔다. 나는 당황스러웠다. 그리곤 느닷없이 내게 와 "양귀비를 닮으셨습니다."라며 말을 툭 던지듯 건넨다. 나는 엉겁결에 "아! 예~~감사합니다." 하고 대답했다. 순식간에 벌어진 일이었다. 어안이 벙벙한 채로 있으려니 뭔가 머릿속이 어수선했다. 그렇게 그는 내게 실없는 말을 내뱉곤 제자리로 돌아가 버렸다. 그가 가고 난 후, 내 주변에 앉아 있던 사람들이 킥킥거리면서 앞으로 선생님은 양귀비입니다. 라며 웅성거렸다. 그날 이후로 나는 뜻하지 않게 양귀비라는 귀하디귀한 별명을 얻게 됐다.

그날, 집에 오는 내내 머릿속에 양귀비를 떠올렸다. 평소 상상했던 양귀비의 얼굴은 미인인데 이해할 수 없었다. 집에 오자마자 컴퓨터 앞에 앉았다. 인터넷으로 양귀비를 찾아보니 나하고 좀 비슷한 듯, 닮은 것 같기도 했다.

우리가 익히 아는 양귀비는 중국 4대 미인 서시, 왕소군, 양귀비, 우희 중 중국 역사상 최고의 미인으로 전해지고 있다. 그녀는 당나라 현종의 며느리 출신인 후궁이다. 하지만 지금의 미인 기준과는 다르게 그 당시에는 작은 눈에 체구가 동글동글하고 살집이 있으며 하얀 피부에 볼이 발그레한 것이 미인이라고 했다. 양귀비는 미모뿐만 아니라 춤과 노래 실력도 뛰어났다고 한다. 어쩌면 내가 노래를 잘 불러 그런 별명을 부쳐준 건가? 내게 양귀비란 별명을 부쳐준 그 사람에 관해 귀동냥하니, 그 사람은 동양화를 전공한 분이라고 했다.

본의 아니게 그분 덕에 동양 최고 미인의 이름을 별명으로 갖게 되었다. 그리고 나는 전근 갔다. 전근 간 그곳에서 내 자리 옆에 진짜 양귀비처럼 생긴 후배가 앉아 있는 게 아닌가. 서글서글한 눈에 오똑한 코와 항상 얼굴에는 미소가 끊이지 않는 예쁘고 친절한 후배였다. 어느 날 후배에게 내 별명이 '양귀비'라고 했더니 그 예쁜 눈을 치켜뜨며 "양귀비요?" 하며 어처구니없다는 표정이다. 그리곤 한술 더 떠 "너무 안 어울려요. 양귀비는 미인의 아이콘 아닌가요?"하고 말했다. 나는 반색하며 인터넷에 들어가 찾아보면 양귀비가 나를 똑 닮았다고 이야기하자 확인해 보자고 컴퓨터 앞에 함께 앉았다.

  후배가 '중궁 미인 양귀비'하고 컴퓨터 자판을 두드렸다. '눈은 크고 코가 오똑한 현대 미모를 가진 인물'이라고 나온다. '아니 이게 어떻게 된 거야?' 그래서 그날 이후로 나는 바짝 후배 앞에서 치켰던 꼬리를 내렸다. 그동안 양귀비란 닉네임으로 지낸 시간이 아쉬웠는지 후배에게 '그대는 현대판 양귀비, 나는 고전판 양귀비' 라고 하자 배꼽을 잡고 깔깔 웃던 적이 있다. 그래도 한동안 부쳐준 별명이 마음에 들어 SNS의 닉네임을 양귀비로 사용하고 있었는데 말이다.

  어느 날 방송국에 근무하는 지인이 내게 간곡하게 부탁한다면서 꼭 들어줘야 한다고 했다. 제발 닉네임을 바꿨으면 하는 말인 것 같았다. 성품이 올곧은 지인은 도덕적으로 옳지 않다고 생각 끝에 말한 것이리라. 그런 이유도 있지만, 양귀비를 떠올리면 좋은 이미지가 아니기에 나를 배려하는 차원에서 말한 것일지도 모를 일이다. 그래서 나는 그날 이후로 나를 귀하게 생각하므로 양귀비의 '양' 자를 빼고, '귀비'만 사용하기로 했다.

시간 여행

 신록이 절정인 5월, 대전에 사는 여고 시절 친구와 함께 나의 고향 방문을 하였다. 고등학교 때 같은 반이었던 또 다른 친구가 교직 생활을 마무리하고 나의 고향 동네가 좋다며 그곳에 정착했다. 유기농 블루베리 농사를 하며 나 대신 고향을 지켜주는 것 같아 감사한 마음으로 꼭 찾아가고 싶었는데 이번에 그 기회가 생겼다.
 친구의 블루베리 농장과 집이 멋지고 훌륭했다. 건축가인 남편이 직접 설계하여 지었다는데 참 편안하고 아늑한 집이었다. 그러나 그 공간에서 신참 농사꾼인 친구는 농부의 고된 삶에 대하여 토로했다.
 농사는 그 자체로 새벽부터 저녁까지의 노동을 요구한다고 한다. 거의 대부분을 하늘의 기운에 의지해야 하니 끝없는 인내가 필요했다. 농사꾼의 발걸음 소리를 듣고 산다는 농작물이라니 쉴 틈이 없었다. 거기에 유기농 농사는 제초제를 사용하지 않는 농사법이라 매시간 풀이랑 싸워야 하니 풀과의 전쟁이구나 싶을 만큼 고되고 고된 일이란다. 풀을 뽑고 돌아서면 풀이 또 한 뼘 자라 정말 끝없는 노동의 연장이라고 한다. 그 와중에 수확물의 양과 질에 대한 고민과 함께 판로까지 걱정해야 해야 하니 참으로 지난한 농사꾼의 삶이란다. 다행히 친구 부부가 선택한 우직한 유기농 농사꾼의 삶은 조금씩 인정을 받아, 올해부터는 유명 식품업체와 납품계약이 되어 조금은 판로 걱정을 덜었다고 한다.

친구의 푸념을 들으면서도 마음 한 구석은 어릴 적 내 고향 산천이 나를 반갑게 바라보고 있어서 감사하고, 친구의 농원과 집이 편안해서 모처럼의 친구들 수다 삼매경에 빠지는 것도 행복했다. 친구가 차려준 건강한 점심을 먹고 야외 테라스에서 차를 마시며 이야기꽃을 피우는데 살랑살랑 바람까지 불었다. 은은한 보라색 라일락꽃 향기가 코끝에 와 닿았다. 대전 친구가 라일락 잎을 따서는 우리에게 사랑의 맛을 아느냐며 장난을 치려했지만, 우린 벌써 사랑의 맛을 알기에 넘어가지 않았다. 고등학교 시절의 그 추억을 소환하는 것이었다.

라일락 꽃향기 그윽한 시골 친구 농원에서 우리 고등학교 시절로 돌아가는 시간 여행을 하였다. 어느 날 친구랑 아름다운 학교 교정 수선 동산에 있는 학교 오작교를 건너며 친구에게 "너 사랑의 맛을 아니?"하고 물으니, "글세, 잘 모르는데….' 라고 친구가 답했다. 나는 사랑의 맛을 알려준다며 친구와 함께 라일락 나무 아래로 갔다. 라일락 향기가 그때도 오늘처럼 은은히 퍼지고 있었다. "라일락 향이 사랑의 향기라고 하는데, 참 향이 좋지? 그리고 사랑의 맛은 이 라일락 잎사귀의 맛이라고 들었어." 하며 라일락 잎을 친구에게 주며 깨물어 보라고 했다. 친구는 나를 믿는 만큼 잎을 꽉 깨물었다. 내가 다른 친구에게 당한 것처럼 친구에게 장난을 친 것이다. 사랑의 맛이 어떠냐고. 친구의 농원이 라일락 꽃향기 가득한 교정에서 깔깔거리며 즐거워하던 여고시절로 우리를 데려다 준 셈이다. 그때의 순수했던 감성이 꽃향기와 함께 다시 우리들 마음에 가득 번지는 느낌이었다.

시골에서 도청 소재지에 있는 고등학교로 진학하는 것이 꿈이었던 시절, 그 당시도 입시 추위는 무척이나 심했다. 시골에서 오신 부모님은 추운 날씨에 교문 밖에서 딸이 합격하기를 기도하며 종일 기다리셨다. 시험 끝나고 답안지를 교문 앞에서 나누어 주는데 아버지께서 직접 그 답안지를 얻기 위해 많은 사람들 속에서 높이 팔을 뻗어 손에 넣던 뒷모습이 지금도 눈에 선하다.
뾰족한 카라에 베레모가 있는 교복을 입고 주룩주룩 비가 내리던 날 친구랑 시내 한복판을 무작정 걸을 때도, 체육대회 때 사용할 꽃수술 재료를 구입하러 문방구에 갈 때도 교복을 입고 다녔다. 나의 여고시절은 추억이며 낭만이며 자랑이었다.

친구 농원의 라일락 향기 덕택에 다녀온 시간 여행, 초로의 친구 셋이 서로 옛날이랑 똑같다고 깔깔대며 이야기를 나누었다. 정말 그런 듯도 하다. 초보 농사꾼의 애환을 털어놓는 친구는 여고시절에도 꿋꿋이 원칙을 지켰고, 대전에서 친구의 귀향을 함께 해 준 친구는 '사랑의 맛'을 처음 알려준 다정하고 재치가 넘치는 친구였다. 그때나 지금이나 여전히 부족한 나는 고마운 친구들 덕분에 고향을 다시 느끼며 행복한 시간여행을 다녀왔다.

옛날의 그 집 외 1편

배 공 순
bomsemul@hanmail.net

　방장산* 숲 사이로 보름달이 떠오른다. 외정지 호수에 둥그런 몸을 담그자, 잠을 청하던 물버들이 간지럼을 탄다. 서녘 저만치 구시포* 갯벌에 밀물 드는 소리마저 들릴 듯 고요하다. 골목을 뛰어다니던 어린 시절의 그 집으로 달빛을 따라나선다.
　벼슬 붉은 닭들이 마루에 올라와 꼬꼬댁거렸다. "요놈의 달구 새끼들! 징허게도 어질르네 잉." 엄마가 머릿수건을 휘두르며 호통을 치면 "푸드득 푸드드득" 날갯짓이 요란했다. 엄마가 저녁을 짓느라 펌프에 마중물을 부어 올리던 해거름, 붉은 달은 고샅 탱자 울타리를 넘어 대문 안으로 들어섰다.
　동네를 휘젓고 돌아온 '워리'는 배가 고픈지 부엌 앞을 어슬렁거렸다. 밥솥에서는 밥물이 부글부글 끓어오르고 아궁이 잔불에 올린 된장찌개도 보글거렸다. 엄마는 샛문을 열고 반찬이 놓인 밥상을 안방으로 들여놓곤 했다. 호박잎쌈과 싱싱한 부추겉절이가 접시에 소복소복했다. 엄마가 부엌문으로 내다보며 "아가, 꼬치 몇 개 따오니라." 하면 마당에서 놀던 나는 부리나케 텃밭으로 내달았다.

　광주 비행장이 들어선다던 어느 해, 황룡강 변 마을 배씨 일가는 집성촌을 떠나 흩어졌다. 아버지도 강을 거슬러 올라와 송촌마을에 터를 잡았다. 나주평야로 이어진 논들이 드넓게 펼쳐지고 마을로 들어서는 길옆에는 소나무가 푸르렀다. 일곱 살 어린 눈에 텃밭은 하염없이 넓었다. 울타리에 둘러선 감나무와 뽕나무가 어찌 크던지 초가집마저 근사해 보였다.

　추수가 끝나는 가을이면 초가지붕을 갈아줘야 했다. 볏짚을 엮고 꼬아 샛노란 새 이엉을 척척 덮는 아버지는 만능 재주꾼이었다. 부엌에는 대나무 살강이 있었다. 반질반질한 부뚜막에는 가마솥 두 개가 걸려있었고 엄마는 아궁이 앞에 앉아 불을 때곤 했다. 그 집은 그런대로 살만했지만, 관리하기에 번거롭고 불편한 게 문제였다. 새로 집을 짓자는 말이 오가기 시작했다.

　새집을 짓기 위해 가족회의가 열렸다. 회의라고 해봐야 엄마, 아버지, 서울에서 불려 내려온 오빠와 내가 다였다. 마주 앉아 집을 앉힐 도면을 그렸다. 일자형 오 칸 기와집이었다. 대청마루를 사이에 두고 안방과 건넌방, 아이들 방을 놓고 안방 옆에는 부엌과 넓은 마루방을 두어 다용도로 쓸 계획이었다. 나는 내 방이 커야 한다고 했고 엄마는 부엌일 하기 편해야 한다고 했다. 의견이 분분해 요리조리 몇 번인가 설계도를 다시 그렸다. 집짓기가 시작되고 몇 달 후, 돼지머리 올린 상이 마당에 차려지고 이웃들이 모여들어 북적북적

상량식을 올렸다. 광목으로 묶어 대들보 위에 올린 마룻대가 꼭 들어맞았다. 사람들은 환호했고 볕에 그을린 부모님 얼굴도 꽃처럼 벙글었다.

봄이면 아버지와 나는 꽃밭에 앉아 움터 올라온 새싹을 보곤 했다. 왕벚나무가 탐스러운 꽃구름을 피우고 나면, 뒤란에 올린 포도덩굴에선 청포도가 주렁주렁 늘어졌다. 봉숭아가 붉게 피는 한여름, 아버지는 반반한 돌 위에 백분 넣은 꽃잎을 모아 작은 돌멩이로 콩콩 찧었다. 내 손톱에 얹어 봉숭아 이파리로 감싸고는 무명실로 꽁꽁 묶어 두면 밤새 물이 들어 손가락까지 붉었다. 그런 아버지도 가끔 당신 잘못이나 자식들 일로 엄마와 입씨름하곤 했다.

"그러믄 시방 이녁이 잘했단 말이요?" 엄마가 퇴로를 염두에 둔 듯, 대문 앞에 서서 마루에 양반다리를 하고 앉은 아버지를 향해 속사포를 쏜다. 아버지도 엉거주춤 일어나며 "이 사람아, 사람이 바람 구녕이 좀 있어야제, 요로케 답답하당가. 에이!" 하면 싸움이 절정을 향해 간다. 치마를 만지작거리며 서 있던 나는 마당으로 쪼르르 나선다. "아부지, 엄니! 왜 그런당가. 나한테는 싸우지 말라고 해 놓고." 하며 번갈아 쳐다본다. 어린 딸의 출현에 아버지는 "어험 어험!" 헛기침하고, 엄마는 이기기라도 한 듯 삐그시 웃고는 고샅으로 핑하니 나간다.

그 집에서 십칠 년을 살았다. 여름이면 오디가 까맣게 익어가듯 나도 해마다 익어갔다. 그 집에서 공무원 시험 합격 통지서를 받았다. 아침이면 "제적등본 다섯 통만 띠어다 주소." "우리 손자 출생 신고도 좀 해주소." 하며 이웃들이 서둘러 우리 집을 찾아왔다.

저녁참에는 찾아가느라 다시 왁자했다. 아버지는 "아따, 가는 짐에 해다 줄 수 있제. 뭘 이런 걸 가져오는가." 하며 못 이긴 척 솔담배 한 보루를 받아들었다. 옆에 있던 엄마도 "긍께 말이요." 맞장구치고는 평상에 허리를 세우고 앉았다.

달이 휘영청 밝은 초겨울 보름밤, 아버지는 당신의 손때묻은 집을 떠났다. 저녁이면 구성진 옛이야기에 눈을 빛내던 딸을 두고 엄마는 어떻게 여생을 보내라는 건지 그저 훌훌 가셨다. 얼마 후, 엄마는 오빠들에게 논밭을 나눠주고 집을 정리해 무등산이 보이는 광주로 이사했다. 무심히 세월은 흘러 엄마마저 어느 봄날 먼 길을 가셨다. 아버지께 가신다고 했으니 사십 년의 시간인들 그 만남을 막지는 못했으리라.

내 유년의 그 집은 보드랍고 아늑했다. 아버지와 엄마의 훈김이 서려 있어 늘 그리운 집이었다. 두 어깨에 육 남매를 짊어진 채, 빠듯한 살림에 동동거리던 두 분에겐 어떤 집이었을까, 긴 한숨을 몰아쉬며 달 밝은 마당을 이리저리 걷던 밤도 많았을 터였다. 잠결에 들던 도란거림은 무거운 걱정을 나누는 소리가 아니었을까.

달빛은 외정지 오솔길로 흐르고, 나는 아슴아슴한 옛날의 그 집 대문을 밀고 마당으로 들어선다.

---

* 방장산方丈山 : 전북 고창과 전남 장성에 걸쳐있으며 지리산, 무등산과 함께 호남의 삼신산이라 불림.

* 구시포仇時浦 : 전북 고창군 상하면 소재, 명사십리 해변으로 임진왜란 때 사람과 비둘기가 반년간 피신했다는 '비둘기 굴'이 있는 해넘이 명소.

티키타카*

  어머님이 아들과 핸드폰을 바라보며 머리를 맞대고 있다. 뭘 고르든 하루 이틀에 끝나지 않는지라 나는 또 완행열차 출발했냐며 놀린다. '할머니의 꽃 지팡이'를 고르는 중이란다. 어머님 자존심 너머에 있던 지팡이다. 가끔 의지하시라 해도 지팡이라면 손을 내젓더니 아들한테 말려드신 모양이다. 화면을 늘려보며 도란도란 의논이 한창이다.
  아들이 근무 부서가 바뀌면서 회사 유튜브를 진행하게 되었다. 그날의 경제 주요 기사를 간추려 읽어주며 소통하는 컨셉이다. 실시간 시청자는 팔구백 명. 갈 길이 멀다. 아들은 묘수가 없을까 고심하며 이벤트를 벌이기도 하지만, 상승곡선은 거북이처럼 느리다.

---

* 티키타카(tiqui-taca) : 두 사람이 서로 잘 통하여 탁구공이 오가듯 빠르게 주고받는 대화

어느 날, '시간 낭비방송'이라는 댓글을 남긴 시청자가 있었다. 아들은 그분 시간이 아깝지 않도록 더 알차게 꾸리겠다는 말끝에 아흔 되신 할머니가 해준 얘기를 소개했다. "손자야, 다들 지식인이 듣고 있으니 몇 명 듣는지는 애달아하지 말아라. 너는 능수능란하게 잘하고 있어." 할머니 멋지시다, 지식인이라니 기분 좋다는 반응이 바로 올라왔다. '능수능란' 새삼 오랜만에 듣는 그 단어가 귀에 착 감겼다.

집에 오면 아들은 어머님 껌딱지가 되곤 한다. "할머니, 오늘 어땠어? 다리는 더 안 아파요?" 여기저기 주무르며 살핀다. 어머님은 잘 지냈다는 말 뒤에 아들에게 몸을 기울이며 핸드폰을 펼친다. 자꾸 이런 문자가 오는데 어떻게 해야 하나, 카카오톡에서 받은 동영상을 다시 보내려면 뭘 누르는 거냐며 질문을 붓는다. "학생! 엊그제 공부한 걸 벌써 까먹으면 돼요, 안 돼요?" 핀잔을 날리며 아들은 선생님으로 바뀐다.

그런 아들이지만, 꼴 부리는 것도 만만찮다. 어머님과 의견이 틀어지거나 자기가 하자는 것을 극구 거절하면 방문을 "쾅!" 닫고 잠수해 버린다. 아들에 대한 세세한 간섭도 원인이지만 대부분 할머니 외출 문제가 말썽이다. 어머님은 뭐든 스스로 하는 성정이라 아직 괜찮으니 성가시게 하지 말라 하고, 아들은 다리도 편치 않은데 혼자 외출하면 어떤 일이 생길지 몰라 보호해야 한다는 생각이다. 거기에다 난청으로 대화가 어려우니 병원이든 어디든 젊은 손자가 모시고 가야 한다며 굽히지 않는다. "에미야, 나 집 나갈란다. 느그 아들 땜에 자유가 없어 못 살겠어." 어머님은 기어이 아들 손에 붙

들려 현관을 나서며 하소연하신다.

  조물주가 인간을 설계할 때 나이 들수록 일하고 싶게 만들었다던가. 더군다나 부지런한 어머님은 꼼작꼼작 움직이기 좋아한다. 그것이 또 아들에게는 근심거리다. 주저앉거나 넘어질까 싶어 걱정이 많지만, 어머님은 화분을 밀고 당기며 정리하고 카레를 만들거나 깍두기를 담가 놓는다. 아무것도 안 한 척 연기해도 증거물이 있으니 꼼짝없이 당하고 만다. 그러다가도 "손자야, 어찌 사람이 꼼지락도 안 하고 살 수 있어? 할만해서 하는 것이니 그만 좀 하렴. 우리 아무래도 헤어져야겠다. 에구, 어서 장가나 가거라!" 하고는, 어머님도 눈딱총을 날리며 반격을 가한다. 이런 핑퐁이 거의 하루걸러 오간다.

  이 년 전부터 어머님의 난청이 심해졌다. 보청기를 권했다. 헛돈 쓰게 하기 싫고, 친구들이 해보니 바람 소리만 커서 별 소용이 없다더라며 한사코 거절했다. 티브이와 가족들 대화 소리도 높아져 갔다. 손님이 올 때면 나나 아들이 귀에 대고 통역해 드려야 소통이 되곤 했다.

  아들이 나섰다. "할머니, 보청기도 안 하고 돌아가시면 손자 가슴 아파 어떻게 살라고 그러세요. 그깟 오백만 원, 천만 원이 무슨 큰돈이라고 돈 걱정하세요. 할머니가 우리 살뜰하게 키워주고 엄마 직장 다닐 때 살림해 주신 걸 따지면 수억 원도 넘을 텐데, 돈 쓸 자격 충분하잖아요." 할머니랑 소곤소곤 얘기하는 게 소원이라며, 병원에 꼭 같이 가자고 읍소했다. 그 말을 듣던 어머님은 눈시울이 붉어지더니 이윽고 고개를 끄덕였다.

장난스러운 아들은 농담을 건네기도 한다. "할머니 곳간 열쇠 내가 다 갖고 있거든. 나중에 이쁜 손자 몽땅 주는 거지?" "오냐오냐, 그래야지. 그래도 니가 어떻게 하는지는 눈을 부릅뜨고 더 봐야지." 하며 흐흐흐 같이 웃는다. 거의 모든 것을 공유하는 조손 공동체라 할까. 아들은 어머님 삶에 '능수능란'하게 간섭 중이다.

컴퓨터 앞에 앉은 아들이 내일을 준비하고 있다. 어머님은 어느새 유채꽃 꿀물을 들고는 종종걸음을 친다. "할머니, 석 잔째거든요!"라며 어머님을 치올려 본다. "내 새끼 목구멍에 꿀떡꿀떡 젖 넘어가는 소리랑 마른 논에 물들어가는 소리보다 복된 건 없더란다. 그나저나 이렇게 잘 갖다 바치는 할매 봤냐?" 하며 건넨다. 아들은 내가 하마냐고 툴툴대며 잔을 집어 든다.

어머님과의 못 말리는 티키타카(tiqui-taca), 깊어가는 밤 샛노란 유채꽃이 살포시 피어나고 별들은 자울자울 졸고 있다.

선택의 안목 외 1편

배 정 순
dawabf@hanmail.net

　새봄을 맞이했다. 팔십 평생을 살고 나니 흘려보낸 세월이 아쉽다. 이제 인생의 노을 길에서 뒤돌아갈 수 없는 지난날을 돌아보며 소크라테스의 명언을 음미해 본다.
　소크라테스는 인생이 무엇이냐고 묻는 제자들을 데리고 과수원으로 갔다. 일렬로 늘어선 사과나무 옆을 지나가면서 제자들에게 말했다. 자기에게 마음에 드는 탐스러운 사과를 하나씩만 따도록 지시했다. 그런데 막바지에 도달한 제자들의 표정은 대부분 만족스럽지 못했다. 소크라테스는 그 이유를 물었다.
　한 제자가 말하기를 "저는 초입에서 마음에 드는 탐스러운 사과가 있어 땄는데 막바지에 와서 보니 더 좋은 사과가 있었습니다."하며 안타까운 표정이었다. 또 다른 제자는 말하기를 "저는 초입에서 마음에 드는 탐스러운 사과를 발견했으나 앞으로 가면 더 좋은 사과가 있을 것 같아 따지 않았습니다. 그런데 막바지에 와서 보니 초입에서 본 사과가 더 좋았습니다."라며 아쉬운 표정을 지었다.

소크라테스 웃으면서 말했다.

"그것이 인생이다, 인생은 사과 고르기와 마찬가지다."

제대로 사과를 선택했더라도 사람의 마음이란 시간의 경과에 따라 수시로 변하기 마련이며 욕심으로 인해 시간을 낭비하는 것이다.

사람이 한평생을 사는 동안 수많은 선택을 하면서 살아간다. 우리는 결혼하여 전세방을 전전하며 살다가 시부모님의 도움으로 집을 장만하게 되었다. 살다 보니 집이 너무 낡아서 그 터에 새로 집을 지었다. 여름철에 많은 비가 오면 하수도가 역류를 하는 곳이었다. 남편과 나는 빗물을 퍼내기 위해 밤을 새우는 적도 많았다. 10년 동안 그 집에서 마음 졸이면 살다가 이사를 했다. 지금은 아무리 비가 많이 와도 전혀 걱정 없는 집에서 살고 있다. 아픈 경험을 토대로 선택의 안목이 생긴 것이다.

우리는 흔히 순간의 선택이 평생을 좌우한다는 말을 자주 한다. 한순간 선택의 잘못으로 예상치 못한 운명에 직면할 수도 있고, 우연한 선택으로 평생 안락한 삶을 살 수도 있다. 나는 젊은 시절 죽을 고비를 두 번 넘긴 적이 있는데 내리막길에서 올라오는 차와 정면충돌한 것이다. 남편이 운전 중 신중하지 못한 탓도 있지만 초행이라 산길이 험한 줄도 모르고 그 길을 택한 것이다. 시집살이 하면서 과로로 신장에 염증이 생겨 높은 열이 오르내렸다. 의학상식이 없어 몸살감기인 줄만 알고 계속 그 약만 먹다가 혼수상태에 빠졌다.

급하게 큰 병원에 가서 유능한 의사 선생님을 만나 검사를 받고 신우신염이란 병명을 알았다. 치료를 받은 후 오늘에 이르렀으니 선택의 중요성을 뼈저리게 실감하고 있다.

 헤아릴 수 없는 세월 속에 행복했던 때도 있었고, 눈물겨웠던 때도 있었고, 고통스런 날들도 많았으나 이젠 기억 속에서 점점 멀어져 가고 있다. 세월 따라 내 삶의 봄날은 가고 꽃 진 자리에 백발이 성글었다. 이제 인생의 황혼 길에서 손에 잡은 것들 하나하나 놓으며 허둥거리지 않고 신중하게 살아 갈 것이다.

이름 모를 꽃

　오래전, 밖에 나갔던 남편이 길에 버려진 화분 하나를 주워왔다. 서둘러 충분히 거름을 섞어 분갈이를 하고 물을 주었더니 하루가 다르게 화초에 생기가 돌았다. 날이 갈수록 잎과 줄기가 무성하게 자라서 창틀에 못을 박고 줄을 매달아 주었다. 그런데 꽃봉오리는 맺히지 않고 줄기만 계속 뻗어나갔다. 식구들은 이름도 모르는 꽃에 대한 관심과 정성이 지극했다.
　마음이 아프지만 모양을 잡아가며 과감하게 줄기를 잘라 냈다. 그냥 버리기 아까워 병에 물을 붓고 잘라낸 줄기를 꽂아서 햇볕이 안 드는 곳에 놓아두었다. 까맣게 잊고 지냈던 어느 날 병 속에 새하얀 뿌리가 돋아나고 있었다. 너무도 신기했다. 며칠에 한 번씩 물을 갈아 주었더니 뿌리는 병 속을 가득 채울 정도였다. 작은 화분에 조심스럽게 옮겨 심었더니 두 뼘 남짓한 꽃대에 새로운 줄기가 여기저기 돋아나고 잎이 피어났지만 겨울 날씨에 금방 낙엽이 되었다.

 단독주택이라 겨울에는 베란다에서 거실로 꽃들을 옮겨야 했다. 겨우 자리를 잡은 화분은 큰 화분들 사이에서 햇볕도 제대로 못 본 체 한겨울을 지냈다. 거실을 차지하고 있던 화분들은 다시 봄이 되어 제자리로 돌아왔다. 겨울을 살아낸 작은 화분에 시샘하듯 새로운 줄기와 잎이 자라나고 있었다. 하얀 꽃봉오리는 오각형을 이루고 있었는데 꽃잎을 꼭 다물고 있었다. 줄기마다 꽃송이를 송이송이 매달고 열흘 정도 지나면 새빨간 꽃술이 닭 벼슬처럼 꽃송이 끝에 달린다. 그 꽃술이 떨어지고 나면 꽃송이가 연분홍 색으로 변하고, 끝이 약간 벌어진다. 가을이 다가오면 갈색으로 변하여 꽃이 지는 것을 보면 요술을 부리는 것 같기도 하고 신비롭기도 하였다. 여러 종류의 꽃을 키워 봤지만 무려 3개월 동안 색깔을 바꿔가며 피어 있는 꽃은 처음 보았다.

 사람이나 식물이나 생명이 있는 모든 생명체는 처해진 환경에 지배를 받는다는 걸 느꼈다. 양자 물리학자인 코로트코프 박사는 식물도 사람의 뇌파와 똑같은 미립자로 만들어져 있어 식물이 사람의 생각을 읽어내며, 정보를 주고받는 건 지극히 당연하다고 하였다. 화분 식물들을 GDV와 연결시킨 후에 연구원들에게 분노, 저주, 슬픔, 사랑, 기쁨 등의 감정을 품어 보도록 했더니 꽃들은 그 감정대로 되었다고 하였다. 분노와 저주를 받은 화분들은 얼마 못 가서 시들어 죽고, 사랑과 기쁨을 주었던 꽃들은 싱그럽고 아름답게 꽃피우며 나름의 삶을 살더란 것이다.

 모든 생명체는 사랑과 관심을 받기를 원할 것이다. 사람도 마찬가지라 생각한다. 부모님의 지나친 사랑과 관심은 자식의 영혼을 병들게 할 수 있어 무능하고 무책임한 사람으로 전락할 수 있다. 식물도 마찬가지로 줄기만 뻗어가던 꽃나무는 자신의 본분인 꽃을 피우고 씨를 남길 생각을 잊고, 식구들의 과분한 사랑과 관심, 충분한 거름을 토대로 줄기만 키울 뿐이었다. 주워온 꽃이라 어떤 꽃이 필까 궁금한 마음에 지나친 관심과 사랑을 주었던 것이다.

아침에 일어나면 제일 먼저 베란다로 간다. 밤새 꽃들이 잘 있는지를 살피기 위해서다. 두 번의 꺾꽂이로 우리 집 베란다는 이름 모를 꽃들이 소담스럽게 피어있어 바라보는 내 마음은 행복하기 그지없다. 내 남은 인생은 이 아름다운 꽃처럼 주어진 삶에 최선을 다하고 가기를 염원하고 있다.

눈이 내리면 외 1편

변 명 희
byun4784@gmail.com

그날처럼 부옇게 눈이 내린다. 문득 그들에게도 서설瑞雪로 내리기를 바라는 마음이다.

내가 6학년 올라갈 때니 오빠 친구인 J는 중학교 3학년이었다. 그의 집을 지나 기역자로 꺾으면 우리 집으로 들어오는 골목이었다. 좁다란 골목 저편에 그가 서 있다가 나랑 마주치면 슬며시 돌아가곤 했다. 그런 일이 잦아지면서 나는 폴모리 악단의 연주곡이나 '어느 소녀에게 바친 사랑' 같은 음악을 즐겨 듣게 되었다. 그러면 좀 세련되거나 성숙해진 듯했고, 선율들이 너울너울 그 집 담장을 넘어가지 않을까 막연한 상상도 했다. 마당 빨랫줄에서 옷가지를 걷다가 담장 너머의 그의 시선과 마주치기도 했다. 그러면 그는 얼른 딴청을 부렸다.

보드레한 연두가 단풍이 들기를 몇 번, 우리도 졸업과 입학을 했다. 내가 고등학교에 다니던 어느 날이었다. 하굣길에 그의 누나가 골목에 서 있었다. 반갑게 인사를 하더니 토요일에 풍년제과에서 만나자고 했다. 화사하게 웃는 얼굴이 좋아 고개를 끄덕였다. 새로 다림질한 하얀 칼라를 달고 허리춤 벨트를 조금 더 잘록하게 조여 매고는 한참이나 거울 앞에서 서성였다. 집을 나서니 자작나무 숲처럼 희붐하게 눈발이 날렸다. 제과점 문을 열고 들어서자 맞은편에서 J가 손을 들어 나를 불렀다. 주위를 둘러보다가 어정쩡하게 다가가 그와 마주 앉았다. 미리 주문했는지 먹음직스런 빵들이 접시에 가득 담겨 나왔다. 평소에 먹기 힘든 빵이라 내 눈은 빵에 가 꽂혔지만 왠지 아귀아귀 먹으면 안 될 것 같아 얌전히 먹는 시늉만 했다.

앞 꼭지가 근실거려 눈을 들어보면 그가 배시시 미소 지으며 나를 바라보고 있었다. "왜 그렇게 쳐다봐요?" 하면 "그냥 보고 싶어서." 하고는 또 웃었다. 갑자기 지갑에서 뭔가를 꺼내더니 나와 그것을 번갈아보며 싱글거렸다. 힐끗 들여다보니 보름달처럼 볼이 통통한 단발머리의 내 증명사진이었다. 귀퉁이가 허옇게 닳아져 말려 있었다. 언젠가 내 책상 위에 있던 사진 한 장이 없어진 줄은 알았지만 무심히 넘겼던 기억이 났다. 놀라서 얼른 뺏으려 하자 "내가 이걸 얼마나 힘들게 얻은 건데." 하며 잽싸게 팔을 치웠다. 오빠를 만나러 집에 왔다가 얻었다며 의기양양하게 지갑에 넣었다. 나는 벌받는 학생처럼 가슴이 콩닥거리고 앞에서는 그의 숨소리만 들렸다.

어느 날부터인가 또 다른 시선이 느껴졌다. J의 동생 K가 그림자처럼 내 뒤를 따라 다녔다. 그 무렵 나는 말 수가 줄고 좀 도도하게 앞만 보고 다녔지 싶다. 등곳길에도 하곳길에도 K가 뒤를 밟다가는 어쩌다 눈이 마주치면 움찔하며 보숭보숭한 머리를 긁적였다. 재수 중인 그는 J보다 자주 눈에 띄었다. 파란 하늘에 조각구름 떼가 옹졸봉졸 몰려다니던 날이었다. 마당 한 편 포도나무에서 설익은 포도 몇 알을 따서 입에 넣다가 담장 너머의 K와 눈이 마주쳤다. 얼른 구부정하게 키를 줄여서 경중경중 달려와 마루에 올라섰다. 서두르는 바람에, 곤두 선 내 신경마냥 신발 한 짝이 다시 마당으로 튀어나갔다. 빨랫줄에 앉았던 고추잠자리 두 마리도 이쪽저쪽 담장을 넘나들며 기웃댔다.

　이상한 일이었다. 언젠가부터 나도 그 집 담장 너머의 일이 궁금해졌다. 그쪽에서 들려오는 소리에 촉각이 곤두섰다. J의 묵직한 목소리나 그보다는 살짝 가벼운 K의 말소리가 들리면 귀가 쫑긋거렸다.

　12월 초였던가, 목화솜 같은 눈발이 날리던 날이었다. 첫눈이라며 친구들과 노닥거리다 어둑신해서야 집 앞에 오니 K가 서 있었다. 멋쩍은 듯 "저기 저~" 하며 코트 자락에 품고 있던 누런 봉지를 내밀었다. 멀뚱히 바라보는 내게 던지듯 안겨 주고는 돌아갔다. 구수한 냄새가 휙~ 코를 자극했다. 얼마나 오래 서 있었던 걸까. 군고구마는 식어 있었다. 눅눅해진 봉지 안에 두툼한 편지봉투도 들어 있었다. 일곱 장의 꽃 분홍 편지지에 눌러쓴 만년필 글씨가 **빼곡**했다. 등·하곳길의 내 모습을 자세하게 묘사해 놓은 글에 얼굴을 붉혔다. 12월 25일 크리스마스 날 정오에 풍년제과에서 만나자고 했다. 마지막 장에는 두 마리의 백마와 흑마가 나란히 질주하는 모습이 꼼꼼하게 그려 있었다.

썰매를 끄는 사슴처럼 캐럴도 청춘들도 출렁대는 성탄절이었다. 마당에는 소복소복 흰 눈이 쌓이고, 내 안에서 바장이던 파문은 눈 속에 사르르 스며들었다. 다음 날 아침 우리 집 대문 밖에는 많은 발자국이 찍혀 있고, 눈사람 하나가 수호신처럼 서 있었다.

계절이 여러 번 바뀌며 나의 계절도 성하盛夏로 접어들었다. 내가 서울에 올라와 대학을 다닐 때에도 J는 편지를 보내왔다. 사관학교에 다니던 그가 임관식에 초대하고 싶다고 했다. 만나보라는 주변의 채근도 있었지만, '노 노 레타'의 노랫말처럼 '나는 아직 어린데…' 하는 생각에 여전히 서성거렸다. 가끔은 아지랑이 피어나듯 몽실몽실 설레기도 했다가는, 다시 물안개처럼 기억 속에서 희미해져 갔다.

오늘처럼 눈이 내리면 아슴아슴 들춰지는 풍경들. 그들의 머리에도 희끗희끗 눈이 내렸을 게다. 큐피드의 화살을 심장에 들이지는 않았지만, 내 감성을 물들이던 유년의 시절이 압화처럼 남았다. 오빠에게 물어보면 근황을 알 수 있겠지만 40여 년이 넘도록 묻지 않는다. 숫눈처럼 순정했던 추억을 그대로 덮어두고 싶은, 이기적인 욕심이려나.

그때 그 사람

　그가 그쪽 일행의 인솔자라는 친구의 말에 무심히 고개를 돌렸습니다. 누런 황토색 티셔츠의 남자는 회색 바지를 입고 있었습니다. 역전 입구를 사이에 두고 우리 일행은 반대편에 있었고, 나는 그 황토색 티셔츠가 바지하고 무던히 안 어울린다며 쓸데없는 생각을 하고 있었지요.
　친구의 전화를 받고 밤새 망설이다가 약속 장소에 나갔습니다. 처음 하는 미팅이 낯설기만 한 나는, 끌려가는 황소처럼 눈만 껌뻑이며 풀풀 촌티를 냈습니다. 청량리에서 만나 경춘선을 타고 근처에 가서 무슨 레크레이션 같은 것을 한다네요. 여자 남자 어찌저찌 짝을 지어 주더니 그는 짝이 없나 봅니다. 여자가 한 명 모자라니 남자쪽 주선자인 그가 자진 양보했는지 일부러 **빠졌는지**는 모릅니다. 풀밭에 둘러앉아 노래도 부르고 "김밥이요., 김밥." 하며 김밥장수

게임도 했던 것 같습니다. 누군가 나와서 두 다리를 엉거주춤 들썩이며 춤을 추는 것 같았고, 길눈이 어두운 내게는 집에 갈 일이 걱정이 되어 눈에 잘 들어오지도 않았습니다. 실은 노는 것에도 손방인지라, 어색하고 불편해서 그들 얼굴도 제대로 보지 못했습니다.

청량리로 돌아오는 전철 안, 좌석은 가득 차고 중앙 통로는 몇 줌 뽑아낸 콩나물시루처럼 적당히 빽빽 했습니다. 서있는 사람들 사이로 천장에 걸린 손잡이를 잡고 매달려 있었습니다. 그런데 전철 창으로 내 옆에 서 있는 그 남자가 보이지 않겠어요. 황토 색 티셔츠 말입니다. 집 주소를 물은 것 같고 왜 묻냐고 퉁명스럽게 대꾸했던 거 같습니다. 역으로 오는 길에 물가 쪽으로 가까이 걷는 내게 위험하다며 간섭을 하더니 그때부터 보호자가 되기로 작정을 했을까요. 두 번째 미팅도 못해보고 몇 년 사이에 졸업, 취직, 결혼이 정해진 수순처럼 진행 되었습니다.

"쟤가 아직 어리니 자네 혼자 가서 자리 잡아놓고 데려가소. 처음부터 낯선 곳에 가서 고생시키지 말고."

셋째 오빠가 나의 이른 결혼을 완강하게 반대했습니다. 내 나이 스무 살 초반, 꽃 띠였지요. 그에 맞서 그 사람은 차근차근 준비해 온 본인의 유학계획을 들이대며, 결혼해서 같이 가겠다고 바득바득 우겼습니다. 그 북새통에 정식으로 프로포즈를 받았는지 안 받았는지 기억조차 안 납니다. 지금도 그는 오빠만 만나면 따지고 듭니다.

"형님 땜에 제가 결혼도 못 할 뻔 했잖아요."

비실비실 웃는 두 사람의 얼굴에 이제는 많은 세월이 내려앉아 있습니다. 그때 함께 했던 그의 친구들은 우리들의 들러리만 섰노라고 지금까지 볼멘소리로 아우성이구요.

 돌아보니 참 철없는 신혼부부로 유학길에 올랐습니다. 낯선 언어로 처음에는 전화통화도 종이에 대화내용을 써 놓고 읽었습니다. 그러나 어디 상대가 내 각본대로만 말을 하나요. 촌극은 그뿐만이 아니었습니다. 초인종 소리만 나도 후다닥 방으로 뛰어 들어가곤 했지요. 티격태격 하다가 식탁 밑의 발을 톡톡거리며 화해도 하고, 향수에 젖어 수시로 눈물도 찍어 냈습니다.

 어느 날 학교에 다녀온 그는 시커먼 표지의 책을 한 권 내밀었습니다. <Baron>이라는 제목의 토플 지침서였습니다. 혼자서 6개월 동안 영어 공부를 하고, 자격요건을 모두 갖춘 후 대학에 편입학을 했습니다. 한동안은 알아듣지 못한 강의 때문에 미국인 친구에게 노트를 빌려다 복습을 했습니다. 영어 실력이야 고등학교 때까지 배운 거 말고 뭐 있나요. 남의 언어로 공부한다는 것이 보통 힘든 게 아니었습니다. 코피도 쏟고 파김치가 되어 집에 돌아오기 일쑤였습니다.

 과제가 미처 마무리되지 않았던 적이 있었습니다. 그가 나머지를 정리해서 강의가 끝날 무렵 갖다 주었습니다. 강의실 뒷문을 열고 나가니 거기에 서 있던 그 사람, 언제나 백 퍼센트보다 더 완벽해야 하는 성격이기에 마누라가 과제를 못 내는 불상사는 용납이 안 됐을 겁니다. 뚝배기처럼 무뚝뚝한 나이지만 지금도 그때의 감동과 감사의 마음은 여전합니다. 덕택에 두 번째 학기부터는 무난히 공부를 하고 졸업을 했습니다. 몇 달 뒤 태어난 딸아이는 나를 닮아 어찌나 쌀쌀맞은지 귀국 후 '풀쐐기'란 애칭이 붙었지요. 이제는 많이 자라서 친구처럼 함께 다니며, 그 사람 옷도 사고 흉도 보곤 합니다.

참, 나중에 들은 얘긴데 옷이 없었다네요. 아르바이트를 해서 번 돈으로 가끔 바지 하나 셔츠 하나 샀답니다. 몇 안 되는 옷 중에서 그날엔 나름 고심해서 골라 입었답니다. 딸내미랑 나는 지금도 그날의 풍경을 들썩이며 놀리는 재미를 쏠쏠히 즐깁니다. 내 눈에만 별스럽게 보였을지 모를 그날의 패션을 빌미로 한바탕 웃자는 것이지요. 어떻게 그리 누리끼리한 똥색 티에 회색 바지를 입을 수가 있냐고, '똥색'에 힘을 주어 말하거든요.

강산이 여러 차례 변했습니다. 때로는 선택하지 않은 길에 대한 미련에 많이 우울합니다. 내가 가지 않은 길이 더 빛나지 않았을까. 그 길은 더 아름다운 꽃길이 아니었을까. 그곳에 갔으면 별도 따고 달도 땄을 텐데…. 수시로 일어나는 망상에, 죽 끓듯 하는 변덕에 심통을 부리기도 합니다. 그는 영문도 모르고 썰렁한 한랭기류에 어리둥절하겠지요. 센스 없는 것은 여전하지만 넉살은 늘었는지 어쩌다 한 번은 나긋한 말도 던질 줄 압니다. 하루는 외출준비에 꽃단장을 마치고 가뭇없이 중얼거렸습니다.

"나갈 준비는 다 됐는데 끼고 나갈 보석반지 하나도 없네."

예기치 않은 답변이 날아왔습니다.

"명희가 보석인데 무슨 보석이 더 필요해?"

보석보다 빛나는 명품 발언이었습니다. 더욱이 고지식한 샌님으로 평생을 사는 그가 그런 애드립을 하다니요. 그래서 더 놀랍고 특별한지라 두고두고 매만지고 싶은 멘트였습니다. 물론 그날 나는 몇 캐럿 다이아 반지에 샤넬 백을 안 들어도 통통 튀는 기분으로 하루를 보냈습니다. 그 윤기나는 감언이설은 유효기간이 없기를 바랐습니다.

수많은 군중 속에서 민첩하게 찾아와 옆에 서있던 그때 그 사람, 여전히 일이 좋아 일에 묻혀 삽니다. 이제는 한 지붕 아래서 내가 무엇을 하고 있는지 관심도 없이, 책을 읽고 컴퓨터 자판을 두들깁니다. 그때는 한 길 사이였고 지금은 천 길 사이 일까요. 그래도 그때 왜 짝이 없었냐고 지금껏 묻지 않았습니다. 이왕이면 그때부터 그의 눈에 보석으로 보였으면 좋겠습니다. 그때 그 사람 두 눈에 씌었던 콩깍지가 앞으로도 탄탄하게 붙어있기를 바라는 마음, 주책일까요.

오랜 세월 내 연락처에 '그 사람'으로 저장된 사람, 패션 센스는 그때나 지금이나 안개 속인가 봅니다.

오늘 아침도 묻습니다.

"옷을 어떻게 입을까?"

글로리아(Gloria) 외 1편

서 순 정
scsuhdku@hanmail.net

　나오지 않는 목소리를 억지로 쥐어짜며 한 시간 동안 합창 연습을 하고 나니 목이 따끔거리고 슬금슬금 두통이 오는 것 같다. 그러나 가벼운 발걸음으로 맛있는 점심을 먹기 위해 식당으로 향한다. 식후에 진행되는 댄스 교실에 참석하려면 든든히 먹어두는 것이 좋겠다.
　65세 이상의 노인들로만 구성된 교회합창단 단장님의 권유로 약 한 달 전부터 용기를 내어 참여하고 있다. 독거노인이 되다 보니 집에서는 대화할 사람도 없고, 노래를 할 일은 더더욱 없어서인지 목청이 몹시 건조해져 버린 탓일까, 언제부터인가 목소리도 잘 나오지 않고, 자주 쓰는 어휘조차도 잊어버리는 경우가 허다하다. 찬송가를 부를 때도 꼭 한 옥타브를 내려서 불러야 한다. 하지만 합창단에서 나 혼자만 옥타브 아래 음으로 부를 수는 없으니 제 음역으로 불러보려고 안간힘을 쓴다. 아무리 기를 써도 c 이상의 음은 도저히 낼 수가 없다. 그러니 높은 음역에서는 입만 벙끗거릴 수밖에. 가만히 들어보면 가느다랗고 건조한 음성이 바로 내가 내는 소리다. 어떤 때는 느닷없이 괴상한 음정이 들리기도 하는데 이것도 필시 내 소리임이 분명한 것 같다. 틀린 음정을 낼 의도는 전혀 없건만. 뒤에 앉아 노래하는 2~3년 연상 권사님의 맑고 힘 있는 목소리가 나를 압도한다. 어쩌면 그 나이에! 감탄이 앞선다.

나도 어릴 때는 노래를 썩 잘했었다. 유치원과 초등학교 시절에는 노래와 무용, 연극, 심지어 동화대회까지 나가 상을 탔으며, 학예회는 물론 외부 행사에도 수시로 초청을 받는 스타가 되기도 했다. 예고시절, 가창 시간에는 항상 선생님의 칭찬을 받았었고, 학기 말에는 성악 전공 학생들을 제치고 나만 95점을 주셔서 하마터면 성악과 친구들의 반란(?)이 일어날 뻔도 했다. 교회의 풍금 소리가 너무도 아름다워 꼭 악기를 배우고 싶으셨던 어머니는 자식 중 한 명에게는 필히 음악을 시키기로 결심하셨다고 했다. 그 계획에 안성맞춤이었던 자식이 바로 나였던 것 같다.

악기를 하는 사람이 적었던 시절이어서 대학을 졸업할 때까지 독주 및 협연, 그리고 친구들과 실내악단을 조직하여 정기적으로 연주회를 했다. 또 직업 오케스트라의 단원으로 활동하는 등 알량한 실력으로 자만심에 부풀어 있던 우물 안 개구리였다. 졸업 후 유학하러 가서 보니 교수님들은 하늘같이 존경스럽고, 학생들은 공부에 미친 천재들로만 보였다. 저절로 겸손한 마음이 생기면서 나도 그 서클의 일원이 되기 위해 죽기 살기로 도전할 수밖에 없었다. 노력하면 할수록 더 어려워지는 음악 공부에 곧 내 재능의 한계가 느껴졌고, 단소短小한 내 팔과 손가락의 신체적 핸디캡도 실감하며 비참한 심정에 망연자실할 때도 있었다. 그럴 때마다 신기하게도 베토벤이나 모차르트 같은 위대한 작곡가들이 마치 현실의 나와 가까이에 있어 대화라도 할 수 있는 듯한 느낌이 들었다. 극복할 수 없을 만큼 불행한 삶을 살았던 인간임에도 불구하고 신의 경지에 오른 불멸의 천재들! 그들이 남긴 명곡들을 최선의 형태로 재현하기 위해 분투하는 과정은 고생이 아니라 오히려 행운이라는 깨달음도 밀려왔다.

  음악을 직업으로 사는 동안 나는 가끔 어머니에게 "엄마 덕에 내가 평생 요 모양 요 꼴로 사는 줄 아세요."라며 푸념하곤 했다. 어머니를 원망하고 탓하는 말은 절대 아니었으며 단지 내 자신의 한계를 탄식하는 호소였다고나 할까. 연주회가 있으면 만사를 제쳐두고 매일 12시간씩 연습을 해도 흡족한 결과를 얻지 못해 악몽만 되풀이 꾸던 나의 번민과 갈등을 어머니는 눈치라도 채셨을까? 어머니는 음악가인 내가 주위 사람들로부터 찬사를 받는 것을 낙으로 삼고 사셨다. 내 재주를 과신過信한 어머니 덕에 운 좋게도 약간의 부러움과 공경도 받으며 무난한 삶을 누릴 수 있었으니 내 무릎이 닳도록 어머니께 큰절을 올려도 부족할 것이다.
  몇십 년 동안 혹사한 탓인가. 이젠 손가락, 손마디, 손목, 팔이 아파 악기를 잡아볼 수도 없지만, 되돌아보니 수없이 갈등을 겪으며 음악과 고군분투했던 반세기의 세월은 고통이 아닌 영광의 시간이었다.

 이 나이가 되니 일상의 모든 것이 은혜요 축복으로 느껴진다. 팔십이 넘도록 큰 병치레 없이 살고 있고, 혼자서도 생활을 꾸릴 수 있으며, 아직 외출할 수 있는 건강도 유지하고 있다. 교우敎友, 문우文友들과 공부하고, 친구와 제자, 그리고 옛 동료들을 만나 회식하고 수다도 떨 수 있으니, 불만이 있을 리 없다.
 65세 이상의 노인들이 노래하는 글로리아 합창단에서 나도 오랫동안 노래하는 영광을 만끽해 보아야겠다. 열심히 하다 보면 내 목소리도 조금은 맑아지고 c보다 높은 음정도 낼 수 있지 않을까?

나의 친구 J

J는 지금 어디서 살고 있을까? 문득문득 그녀의 환한 미소가 눈앞에 어른거리며 패기만만했던 옛 시절이 그리워진다. 나보다 한 살이 아래니까 그녀도 팔십이 되었겠는데 어떤 모습으로 변했을지? 정말 보고 싶다.

1964년 가을, 내가 청운의 꿈을 안고 유학을 위해 미국에 막 도착했을 무렵이었다. 학교에 가니 며칠 전에 온 한국 여학생이 있다고 하여 만난 사람이 J였다. 화사한 미소와 화장이 돋보이던 그녀는 서울의 한 음악대학에서 실기 장학생으로 스카우트한 보육원 출신의 피아니스트였다. 전공 악기는 달랐지만 비슷한 또래였으니 어찌 보면 경쟁심 같은 것도 생길 수 있을 법하였다. 그러나 그녀는 보육원에서 자랐다고는 믿기 어려울 만큼 낙천적이고 사교적인 성격에 내숭이라고는 전혀 없었다. 내가 한 살 위라는 것을 알자 금방 '언니,

언니' 부르며 친근하게 다가왔고 우리는 친자매처럼 가까워졌다.

그 학교에 오게 된 J의 배경에는 특별한 스토리가 있었다. 1950년 그녀가 어린 소녀였을 때, '심포니 오브 디 에어(Symphony of the Air)'라고 하는 미국 최고의 오케스트라가 내한 연주회를 했었다. 그때 이 교향악단을 인솔하고 온 지휘자 월터 핸들(Walter Handl)은 바쁜 일정을 틈내어 그녀가 몸담은 보육원을 방문했는데 그곳에서 어린 J의 피아노 연주를 들었다고 했다. 월터 핸들은 우리가 공부하려는 학교의 학장으로 부임하게 되었고, 그해 여름 미국의 여름 캠프에 와 있던 그녀를 스페셜 스튜던트(special student)로 초청하게 된 것이다(미국인 스폰서를 통하여).

J의 말에 의하면 보육원에서 피아노는 배웠지만 중등과 고등학교 등의 정규 교육은 받지 못했다고 했다. 실기 장학생이었기 때문에 대학에서도 기초 전공과목 공부에는 거의 신경 쓰지 못한 느낌을 받았다. 그런데 우리가 공부하던 학교는 실기뿐 아니라 학문적인 분야도 똑같이 강조하는, 미국 내에서도 어렵기로 소문난 학교였다. 예고와 대학에서 우등생이랍시고 거드름깨나 피우던 나도 실기 수준은 물론이고, 이론이나 전공 학과목이 한국과는 비교도 할 수 없이 수준이 높고 어렵다는 사실에 난감해하고 있었다. 요령 부리는 꾀로는 가히 수준급이던 나지만, 눈 한번 감아보지 못하고 밤을 꼬박 새우며 공부하는 것이 일상인데 그녀는 어떻게 감당할지, 나는 내 코가 석 자인 처지에도 J 때문에 걱정이 되어 불안하기만 했다.

서순정 105

하지만 당사자인 그녀 본인은 별걱정이 없는 듯 피아노 연습만 열심히 하며 여전히 명랑하고 행복해 보였다. 그녀와 나의 실기 선생님은 부부 교수였는데 두 분 모두 젊은 시절부터 세계적인 연주자로 명성을 떨치던 분이었다. 자상하며 배려 깊고, 너무도 인간적인 분들이었으며, J와 나는 그분들에게 배울 수 있는 인생 최고의 행운을 누릴 수 있었다. 사교적인 그녀는 언어 소통의 어려움에도 불구하고 친구가 많았으며, 화사한 화장과 매일 바꾸다시피 하는 머리 손질 솜씨로 항상 자신을 아름답게 가꾸고 있었다.

정신없이 일 년이 지나갔다. 매년 연장해야 하는 스칼러십 연장 신청을 해놓고 답신을 기다리며 내가 조마조마 애를 태우고 있을 때, J는 우려했던 대로 저조한 성적을 받아 학교를 떠나야 할 상황에 처하게 되었다. 특별한 대책이 없는 한 한국으로 돌아갈 수밖에 없는 처지였다. 항상 명랑하던 그녀도 이때만은 근심스러운 얼굴로 시름에 잠겨있었다. 그런데 이 딱한 상황을 인지하신 선생님은 그녀를 볼티모어 음악학교 교수인 자기 친구의 제자로 가도록 주선해 주셨다. 이 희소식에 우리는 얼싸안으며 기뻐하였다. 그녀가 떠나고 난 후, 나는 여전히 공부와 씨름하며 정신없이 또 일 년이 훌쩍 지나갈 무렵 뜻밖에도 그녀의 결혼 소식이 전해져 왔다. 볼티모어의 학교에서 만난 미국인 남자 친구와 결혼하였다고 했다.

학기가 끝날 무렵, J와 그녀의 남편, 그리고 시부모님이 와 계시니 같이 식사를 하자는 선생님의 초대에 나는 즉시 선생님 댁으로 달려갔다. 그녀의 남편은 이탈리아인 이민 가정의 아들로 트럼펫을 전공했으며, 이제 석사학위를 마치고 라스베이거스의 한 고급 클럽에 취직이 되었다고 자랑하였다. 시부모님은 소탈하고 떠들썩한 전형적인 이탈리아인 소시민 유형으로 며느리를 상당히 귀여워하는 것 같았다. 남편과 시부모님의 사랑 속에서 행복해하는 그녀를 보며 같이 즐거워하던 나에게 순간적으로 까닭모를 애상哀想이 스쳐 갔다.

  내가 J를 다시 만난 것은 그로부터 10년의 세월이 흐른 뒤였다. 학위를 끝내고 직장 생활을 하다가 귀국한 나는 선생님 부부의 초청 연주회를 알선하기 위해 오랫동안 애를 쓰고 있었는데 마침내 뉴욕에 본사를 둔 한 메니지먼트와 연결이 되었다. 구체적인 사항들을 의논도 할 겸, 선생님 부부가 버몬트주에서 운영하시는 여름 음악 캠프에 참가하기로 하였다. 학교를 떠난 지 실로 십 년 만에 선생님을 다시 뵙게 되었다. 선생님으로부터 그녀가 뉴욕에서 살고 있다는 소식을 들은 나는 캠프가 끝난 후 우선 그녀의 집을 방문하기로 했다.

  그녀는 남매를 둔 어머니가 되어 퀸즈의 한 허름한 아파트에 살고 있었다. 가구도 별로 없고 자그마한 피아노 한 대만 거실 구석에 놓여있어서 다소 썰렁한 분위기가 느껴졌다. 그녀는 화장기 없는 얼굴에 단발 파마머리로 수수한 아녀자의 모습이었다. 라스베이거스의 화려한 클럽에서 트럼펫연주로 명성을 떨치고 있어야 할 남편은 직장이 없는 듯 보였고, J가 동네 아이들에게 피아노 개인지도를 하며 생활하고 있는 것 같았다. 그 후에 알게 된 일인데 그녀의 남편은 사교邪敎로 인식되고 있는 교회에 빠졌다고 했다. 그 교회에 빠진 사람들은 자신이 소유하고 있는 재산을 다 바쳐야 한다고 들은 것 같다. 어쩌면 그녀의 남편 역시 직장도 버리고 재산도 다 바쳐버린 게 아닐까? 어찌 되었든 착하기만 한 J는 그런 상황 속에서도 불평 없이 남편에게 순종하고 자녀들을 아끼며 살고 있었으나 나는 그 남편이 미웠다.

그로부터 또 수년의 세월이 흐른 어느 날 갑자기 J로부터 서울에 와 있다는 전화를 받았다. 놀랍고 반가운 마음에 바로 다음 날 십여 년 만에 그녀를 다시 보게 되었다. 동대문 시장에서 샀다는 수수한 원피스를 입고, 화장기 없는 얼굴에 생머리를 뒤로 묶고 있는 그녀에게서는 옛날의 맑고 명랑한 모습 대신 중년여성의 인고忍苦 같은 것이 느껴졌다. 나는 그녀의 현재 상황에 대해 자세히 알고 싶은 마음이 굴뚝같았으나 혹여 그녀가 불편해할까 봐 망설이다가 끝내 용기를 내지 못하였다. 다만 아이들에 관해 묻는 말에 '아이들은 잘 자라고 있으며 큰 아이는 벌써 고등학생이다'라고 짧게 대답했다. 십수 년의 세월은 허물없던 우리 사이에 벽을 만들어 버린 것일까? 나는 그녀에게 다시 만나 식사라도 하자고 졸랐지만, 그녀는 이틀 후에 미국으로 돌아가면 곧 알라바마주로 이사할 거라고 했다. 헤어지기가 너무도 아쉬웠으나 이사하면 꼭 주소를 알려달라고 부탁하며 작별할 수밖에 없었다.

한국에는 친정도, 시댁도 없는 고아 J가 서울에 올 이유는 많지 않을 것 같지만, 자기가 태어나고 자란 고국이니 얼마나 오고 싶었을까? 고국에서 사람들도 만나고, 한국말도 실컷 하고 말이다. 겉으로는 사교적이면서 단순해 보이는 그녀야말로 평생토록 뼛속까지 스며든 외로움과 싸우며 살고 있는 것이 아닐까?

그 후 그녀로부터는 다시 소식을 듣지 못한 채 수십 년의 세월이 흘러갔다. 선생님 내외분도 오래전에 세상을 떠나셨으니 이젠 그녀의 소식을 물어볼 사람이 없다. 나는 가끔 그녀가 한국 남자와 결혼하고 한국에서 살았더라면 조금 더 평탄하고 행복한 삶을 살 수 있지 않았을까 생각해 본다. 그녀가 사랑과 정성으로 키운 자식들은 훌륭하게 성장하여 어머니를 잘 모시고 있을 것이라고 나는 믿고 싶다. 어디에 있든지 효성스러운 자식들의 보살핌을 받으며 내내 행복하고 건강하기를...!

제3부

선순례 송경희 신서영
신정호 윤동희 이민재 이영희

김밥은 사랑이야

선 순 례
mamahome@hanmail.net

"나 아직 점심 안 먹었는데 당신이랑 먹게 김밥 두 줄 사가지고 갈까?"

아침 일찍 색소폰 동호회에 출근하면 점심까지 먹고 오는 남편인데 오늘은 함께 점심 먹을 사람이 마땅찮아 당신하고 같이 집에서 먹어야겠다고 조심스레 물어보는 눈치다.

그동안 몇 번의 수술 후 몸이 불편한 나를 생각해서 자연스레 점심은 각자 해결하고 있었다. 집에서 식사할 때는 당연히 내가 밥을 차려주는 것으로만 알고 있던 사람이 김밥으로 점심을 먹을 생각을 했다니 많이 변했다. 평소 따뜻한 냄비 밥을 좋아하는 사람이라 전화를 받고는 바로 쌀을 씻어 밥을 안쳐놓고 있어서 그냥 오라고 했지만 이미 주문을 했다면서 전화를 끊었다.

남편은 식성이 까다롭지 않다고 본인은 말하지만 천만의 말씀이다. 특히 된밥을 싫어한다. 밥이 되거나 뜸이 덜 들면 날이 가물어 물이 부족 했느냐 느니, 반찬도 짜다고, 싱겁다고 까탈을 부리던 사람이다. 내 몸이 불편하면서 부터는 그런 잔소리는 호강에 빠진 투정이라면서 달라지는 모습을 보였다. 평소 그런 잔소리를 하면 애들이 핀잔을 주면서 아빠 자신을 위해서도 이젠 손수 챙기시라고 하기 때문에 요즘은 많이 변해가고 있다.

 오히려 내가 앉아서 시키기도 한다. 말만하면 우유며 견과류를 척척 찾아오기도 하고 아침에 먹는 샐러드는 말 안 해도 식탁에 차려놓는다. 요즘은 달걀 반숙하는 방법을 가르쳐주었더니 재미있다고 한 끼에 두 개씩 해줘서 귀찮을 지경이다. 젊었을 때도 아이들 봐주거나 청소, 빨래를 도와주기도 했지만 주방 일을 도와준 적은 없었다. 그러던 남편이 바뀌어 나보다 먼저 주방에 나오지만 막상 무엇을 해야 할지 몰라 서성거리는 모습은 어설프기 짝이 없다.

 젊은 시절, 아이들 소풍가는 날 김밥 싸놓고 아침 한 끼는 김밥으로 먹자고하면 김밥은 한 끼 식사가 되지 않는다고 하여 기어코 밥하고 국을 따로 준비해야했다. 그것을 알기에 항상 쌀은 불려놓고 퇴근시간 맞추어서 따끈한 밥에 누룽지 노릇하게 눌려 놓았다가 구수한 숭늉까지 끓여놓고 찌개나 국도 빠뜨리지 않고 준비했었다. 그렇게 번거롭게 해주더니 손수 김밥까지 사들고 오다니 세월의 무상함을 느낀다.

 남편이 사온 김밥을 펼쳐놓고 먹고 있는데 "옛날부터 이렇게 당신을 편하게 도와줬으면 지금 같은 고생은 안했을 텐데" 창밖으로 시선을 돌리며 지나가는 말처럼 흘리는 남편의 혼잣말은 마음속 깊은데서 나오는 진심이다. 평생 처음 들어보는 말에 나는 눈가에 눈물이 맺힌 것을 닦으면서 남편의 두 손을 잡아주었다. 어느새 깊어지는 주름살, 듬성듬성한 머릿결, 그렇게 날 서던 패기는 어디로 가고 마누라 치마 폭에 연민을 느끼는 나이가 되었나싶어 가슴이 먹먹해져 김밥 하나를 들어 입에 넣어주었다. 마누라한테 잘못했다는 말은 절대로 하지 않는 사람인 줄 알았는데 아이들 넷 데리고 버겁게 살아온 것을 이제라도 알아주는 것 같아 그저 고맙다.

  우리는 앞으로 헤어질 날이 가까워 오고 있으니 홀로서기를 해야 한다고, 아무도 대신 해줄 수는 없으니 각자도생하는 길밖에 없다는 현실을 잔소리처럼 말하면 아무 말 없이 듣고 있는 것만으로도 측은지심이 든다. 각자 혼자가 됐을 때를 생각하며 가전제품 사용법을 알려준다고 하면 나중에 배우겠다고 뒤로 물러서고, 밥솥 여닫는 것이라도 알려준다고 잡아당기니 손사래를 친다. 요즘은 손쉽게 해먹을 수 있는 간편식들이 잘 나오고 있지만 남편은 쉽사리 적응하기가 쉽지 않다는 것을 나는 안다.

  김밥을 먹고 거실로 발걸음을 옮기던 남편이 갑자기 좋은 생각이 났다면서 요즘 새로 짓는 아파트로 이사 가는 것이 어떠냐고 했다. 새로 짓는 아파트는 모든 커뮤니티 시설이 잘 돼있어서 하루 세끼 끼니 걱정할 일도 없고, 스포츠 시설도 편리하게 되어있다고. 그러나 모든 것이 익숙해진 이 아파트에서 불편함 없이 몇 십 년을 살아왔고 딸 셋을 이 집에서 출가시키고 좋은 날이면 손자들까지 모여들어 잔칫집이 되었는데. 남편이 던진 말에 정말 이사를 해야 할까 생각하면서 집을 휘둘러보았다. 거실 벽에 가족사진이 눈에 들어오고 한 켠에 앨범들이 쌓여있었다. 빛바랜 한 권을 꺼내 펼치니 아이들이랑 어린이 대공원으로 놀러갔던 사진이 나왔다. 잔디 위에 펼쳐진 양은 찬합에 제법 모양을 낸 김밥이 들어있다. 시금치, 단무지, 소시지, 달걀을 황백으로 얇게 지단을 부쳐 태극 모양으로 솜씨를 냈던 김밥과 오늘 남편이 나를 위해 사들고 온 김밥이 아스라한 추억과 사랑을 담고 내 마음에 깊이 담긴다.

나는 나답게 외 1편

송 경 희
song78@hatmail.com

　병원에 가는 날이었다. 지하철을 타기위해 가방 속에서 카드를 찾았다. 아무리 들추어도 지갑이 안보이니 마음만 바쁘다. 가방 속에는 핸드폰. 자동차열쇠. 지갑. 물휴지. 양산. 책. 선글라스....작은 보조지갑에도 잡동사니로 가득하다. 향수며 콤팩트, 이어폰, 묵주, 캔디. 마스크까지 무척 많이 들어 있다. '이것을 다 가방에 넣고 다녀야 할까?' 라는 생각이 들었다.

　삼성역에서 내려 현대 백화점으로 가로질러 가면 길 건너편에 병원이 있다. 백화점 1층에는 수입 가방 브랜드관과 향수코너가 있어서 상큼한 향이 코를 자극했다. L가방매장 앞을 지났다. 문 앞에는 말끔한 정장차림의 남자와 여자사원이 호위병사처럼 서서 가방을 지키고 있었다. 문득 '가방이 여왕 같네.' 라는 미묘한 감정이 올라왔다. 언제부턴가 수입명품 가방들이 사람위에서 돋보이고 있다. 편리함과 멋내기로 들고 다니던 가방에서 부유함의 척도를 대변하며 사람의 가치를 평가하기도 한다. 나도 명품 가방을 들 때도 있지만 '저건 아니다.' 싶었다. 백화점 정문을 빠져 나오면서 내가 괜히 머쓱해졌다. 가방은 가방일 뿐인데 요즘 콧대가 한껏 높아져 있는 브랜드이다. 자존감이 낮은 사람일수록 보이는 것에 대해서 더 민감하지 않을까. 자신보다 타인시선을 우선으로 의식하기 때문이고 외양을 중시하는 현대 사회의 한 단면이기도 하리라.

그래서인지 요즘 짝퉁 가방이 더 활개를 치고 잘 팔려 나간다고 한다. 자기만의 개성을 찾는 세상인데 같은 디자인의 브랜드 가방을 짝퉁으로라도 소유하고 싶은 사람의 심리는 아이러니하다. 우스갯 말에 비 오는 날 우산 없이 비를 맞으면서 가방을 가슴에 품고 가면 진품, 가방을 머리 위에 올리고 가면 짝퉁임을 알 수 있다고. 명품가방을 자랑스레 들고 다니면서 스스로 뿌듯한 자존감으로 만족할 수도 있고 짝퉁이나 저렴한 브랜드 가방을 들고 다녀도 밝고 자신감 있는 행보를 거리낌 없이 할 수도 있다. 무엇이든 자기만족이 아닐까. 어쨌거나 가방의 사전적 의미는 '갖가지 물건을 담아서 들거나 메고 다니기 편리하게 손잡이나 멜빵이 달려있는 용구'이다. 그 이상의 의미를 부여하기보다는 유행 속에서도 자신만의 멋을 낼 때 진정한 나만의 나답게이리라.

소지품이 가득 들어찬 가방뿐만 아니라 인생길을 가면서 마음이라는 가방 속에도 알게 모르게 과시며 욕심, 비교 경쟁과 같은 감정들이 담겨 있다. 그 마음 가방까지 다 뒤집어서 정리하고 싶다. 이쯤에서 버릴 것은 버리고 비워가며 꼭 필요한 겸손, 사랑, 인내, 절제, 같은 것만 가지고 길을 가고 싶다. 자유롭고 싶다면 꼭 필요한 것만 소유하라는 성인의 금욕적인 삶이 떠올랐다. 남은 인생을 여행처럼 가볍게 가야겠다고 다짐도 해 본다.

　진료를 마치고 병원을 나와서 다시 삼성역으로 가고 있었다. 하얀 구름이 파란 하늘과 함께 어우러져 있다. 구름일 뿐인데 갖가지 모양이 마음 설레게 하고 한 번 더 눈이 갔다. 자기 자태를 뽐내는 폼이 멋지게 보여 하늘을 한동안 물끄러미 바라보게 만든다. 명품가방을 소유하고 뽐내든 짝퉁가방으로 비를 가리든 내가 살아가는데 무슨 차이가 있겠는가. 세상에 유일하고 사랑으로 태어난 나 자신이야말로 최고의 명품이다. 나만의 가치를 돋보이며 나답게 살아가자.

외할머니의 편지

"할머니~" 하고 부르면 "오아야~" 하시던 외할머니의 인자하신 목소리가 지금도 어디선가 들리는 듯하다. 나는 초등학교에 들어가기 전, 외할머니 댁에서 잠시 살았었다. 그때 우체부나 걸인이 집에 오면 언제나 그냥 보내지 않고 밥이나 먹을 것을 차려 내시던 모습이 눈에 선하다. 사랑과 인정이 많으신 분이셨다. 그 후에 나의 아버지가 마련해 드린 과수원을 경영 하셨는데 일을 도와주시던 젊은 남녀를 결혼시켜 자녀처럼 함께 어울려 지내셨다. 할머니는 70세가 지나 미국 LA에 사시는 둘째 딸의 집으로 가셨다. 그리고 한국에 많은 지인들에게 편지를 쓰는 것을 낙으로 96세까지 치매 없이 사시다가 돌아 가셨다.

1915년에 태어나신 외할머니는 일제 시대를 지냈고 6·25 전쟁으로 험한 세상 풍파를 겪었다. 그리고 여성으로 고통의 가정사를

송경희 119

견디고도 미간에 찌푸린 주름살이 없으셨던 비결은 무얼까? 세상을 이미 알아버린 초인의 마음으로 사신 걸까? 돌아가시기 몇 해 전, 내가 LA 이모댁에 가서 뵌 마지막 모습은 홍조 띤 볼이 오동통하고 뽀얗게 예뻤고 입고 계신 빨강 스웨타가 참 잘 어울리셨다. 나에게 조용히 "네가 경희니?" "네, 할머니. 알아보시겠어요?" 하니까, 머리를 끄덕이시며 환하게 아기 같은 웃음을 지으셨다. 외할머니의 지난 세월이 다 묻힌 미소에는 어디에서도 보지 못한 순수함이 흐르고 있었다. 외할머니의 삶은 고달프셨더라도 강인한 마음으로 견디고 이겨내신 정신력이 인생 승리로 나아가신게 아닐까? 나도 외할머니를 닮고 싶다.

    세례명이 마리아이신 외할머니는 항상 "찬미예수" 첫 구절로 나에게도 자주 편지를 보내셨다. 외할머니께서 미국에서 돌아가신 지 10여 년이 지난 어느 날. 나는 외할머니가 그리워서 오랜만에 보관상자에서 외할머니의 습자지 편지를 꺼냈다. 외할머니와의 추억을 떠올리니 미소가 번졌다. 자주 편지를 쓰시던 외할머니는 둘째 딸이 넉넉히 준비해 놓은 기본 우표가 붙은 봉투를 사용하셨다. 다만 첫 외손녀인 나에게만은 많은 이야기를 하시고 싶으셨는지 얇은 습자지에 여러 장의 편지를 쓰셨다. 외할머니는 독학으로 한글을 떼셨는데 글씨체나 어휘력이 뛰어났다. 조선시대 언문처럼 띄어쓰기도 없어서 여러 번, 천천히 읽어야 편지 내용이 이해가 됐지만 사랑만은 울컥 와 닿는다. 편지를 읽다가 문득 나의 신앙의 뿌리에는 외할머니가 계셨구나. 외할머니의 체취가 스치듯이 느껴졌다.

　외할머니의 습자지 편지에는 보약 같은 말씀으로 가득했다. 내가 결혼 초에 시집과의 갈등으로 힘들어 한다는 말을 들으셨는지 유독 여러 장의 편지를 쓰셨다. 외할아버지와 19살에 결혼하신 외할머니는 한살이 더 많으셨다. 당시 외할아버지는 서울에서 보성고보를 다니셨고 외할머니는 충남 시댁에서 맏며느리로 시동생들을 돌보며 시부모를 모시고 살았다. 시집살이는 쉽지 않았고 속상함이 많았지만 내색할 수도 없으니 묵묵히 살아냈다. 방학이 되어 남편이 오면 외할머니는 그동안 있었던 힘듦을 외할아버지에게 말하곤 했단다. 나이 어린 철부지 남편은 오랜만에 만난 아내가 정이 붙기도 전에 고된 시집살이 이야기를 하니 정겨울 리 없었을 것이다. 결국 다른 여자와 만나 평생을 남남으로 사신 외할아버지를 원망이 아닌 이해의 마음으로 지켜보신 것 같다. 나에게 '시집 문제로 남편과 다투지 마라. 시부모님께 직접 할 말을 하라.' 셨다. 외할머니가 그렇게 못하셨던 한이리라. 남편의 마음이 덧나가게 하지 말라는 말을 우회적으로 표현해 주셨다. 그 말씀이 나에겐 단비 같았다. 이후 나는 시집의 문제에선 남편과 다투지 않고 시어머니와 직접 대화를 하여 문제들을 풀어나가는 방식으로 해결해 나갔다. 외할머니는 외손녀인 나에게 '예스'와 '노'를 분명하게 표현할 줄 아는 '주체성'을 심어주셨다. 외할머니 말씀대로 하였더니 우리 가정에 평화가 왔다. 그 이후에도 외할머니는 나의 가정사를 묻기보다는 삶의 지혜들을 써 보내 주시곤 했다.

많은 세월이 흘렀다. 지난 시간을 추억하며 어느덧 나에게도 첫 외손자가 생겼다. 외할머니가 바르게 살아가는 방향을 알려주신 것처럼 나도 손자에게 그 역할을 하려고 한다. 호기심을 갖고 자연과 함께 상상하고, 어릴 때부터 자제력을 습관화하기 위한 최고의 잣대는 사랑과 엄격이다.

 오늘도 "찬미예수"로 시작하는 나의 일상은 평안히 계실 외할머니가 영원한 생명인 본향에 계신 것을 믿는다. 외할머니가 아주 많이 그리운 날이다. 구인회 마리아 할머니, 감사합니다.

아버지와 국수

신 서 영
lshin-f@hanmail.net

친정에 가면 점심때마다 "우리 뭐 해 먹을까?"
"물어보나 마나 국수지 뭐"
여든이 되신 아버지께서는 국수를 좋아하신다. 그것도 아주 많이, 사계절마다 주식처럼 별식으로 국수를 드셨다. 농사꾼이신 부모님은 겨울이면 농번기라지만 쉬시는 법이 없었다. 자식들에게 더 먹이고, 더 입히고, 뭐라도 더 해주고 싶은 욕심이 있으셨나 보다.

36년 전의 일이다. 건너 동네에 번개탄 공장으로 돈벌이를 함께 다니셨다. 11월 말 즈음으로 기억된다. 한낮이었는데 엄마가 정신없이 뛰어 들어오셨다. 울고 계셨다. 작은 가방에 주섬주섬 옷가지를 챙기시며 아빠가 다치셔서 병원에 가야 한다고 말씀도 제대로 하지 못하고 서둘러 나가셨다. 4남매 중 맏이인 오빠는 직장엘 다녀

집에 없었다. 세 자매만이 집에 있었는데, 고등학생이었던 나는 큰언니 노릇을 해야겠다고 생각했다. 울음이 터져버린 동생들을 달래며 걱정하면서 "괜찮으실 거야 울지 마." 양팔을 벌려 동생들을 끌어안고 다독였다. 속으로는 아버지의 다치신 정도를 몰라 궁금한 채로 그날을 보내야 했다. 큰 병원이 없어 다친 손을 부여잡고 30여 분 거리인 능곡까지 가셨다는 말만 들었다. 다음 날 오후, 집으로 돌아오신 엄마는 우리들이 걱정할까 봐 "괜찮아 수술하면 괜찮대" 수술이라니 깜짝 놀랐지만, 엄마에게 자세히 여쭤볼 수 없어 눈치만 살폈다. 그리고 우리 세 자매는 각자 흩어져 소리 없이 눈물을 훔쳤다. 엄마는 짐을 챙겨 다시 병원으로 가셨고 그렇게 일주일이 지났다.

수술은 마쳤다고 했다. 하지만 엄마는 잠깐씩 집을 들르셨을 뿐 병원에만 계셨고 아버지의 다치신 정도에 대해서는 말씀이 없으셨다. 얼마 후 담담하게 이야기를 해주셨다. 엄마의 강인함이 심장을 쿵 하고 눌러주었다. 퇴근 무렵 장갑이 기계에 끼어 손을 끌고 들어갔다고 했다. 생각만으로도 끔찍했다. 다시 얼마 만에 집으로 돌아오신 엄마는 작은엄마에게 전화를 하셨다. "애 아빠 손이 염증 때문에 재수술해야 하는데 여기선 못 한다고 더 큰 병원으로 가라고 하네. 혹시 동서가 아는 사람이 있는 큰 병원으로 옮길 수 있도록 알아봐줄 수 있을까?" 엄마는 담담하신 목소리와 달리 옆에 있는 내 손을 꼭 잡고 계셨다.

작은엄마의 도움으로 서울 큰 병원으로 옮겨 재수술을 받게 되었다. 수술 후 아버지께서는 계속 중환자실에 계셨다. 아버지의 상황과 먼 거리 등으로 면회는 엄마만 다니셨다. 부모님대신 오빠를 중심으로 미뤄진 농사일을 논과 밭으로 다니며 힘들어도 열심히 일을 했다. 그렇게 시간이 지나며 잘도 버티시던 엄마가 또 눈물을 흘리셨다. "염증 때문에 절단해야 한대. 그 방법밖에는 없대." 나는 아버지가 돌아가실까 봐 두려웠던 것 같다. "병원에서 하라면 해야지. 그래야 빨리 낫는다는 거잖아." 퉁명스럽게 엄마에게 한마디 했다. 받아들이기 힘든 일련의 과정들에 무겁게 적응해야 했던 나는, 고등학교를 졸업하고 스무 살이 되고, 아버지께서는 일반 병실로 옮기셨다.

엄마만 먼 거리인 서울로 면회를 다니셨다. 그러다 2월 중순경 모든 식구가 아버지 병문안을 가기로 했다. "아버지가 더 힘드실 테니 울지 말고 아무렇지도 않게 행동하자" 우리는 다짐했었다. 음식을 챙겨 하나씩 들고 아버지를 만나러 가는 지하철 안, 심장이 두근두근 뛰기 시작했다. 두꺼운 외투가 고마울 따름이었다. 상상되지 않는 아버지의 모습을 생각해서 그랬던 것 같다. 병실 앞에 다다르자, 숨쉬기가 버거울 정도로 심장이 빠르게 뛰었다. 하지만 나는 큰일이 아니라는 듯 담대한 척, 자연스럽게 행동했다. "아버지 우리 왔어. 괜찮으시죠" 하며 너스레를 떨었다. 아버지의 팔은 붕대로 칭칭 감아져 있었다. 손은 없고, 내 팔보다 짧은 팔만이 지지대에 올려져 있었다. 딸들과 눈을 마주친 아버지의 눈에는 참고 참았던 눈물이 고여 있었고 내색은 안하셨지만 내뱉는 목소리는 떨리고 있었다. 우리에게 "괜찮다 괜찮아." 연신 말씀하셨던 엄마는 아빠의 모습이 우리에게 공개되는 순간, 병실 문 앞 간이의자에 앉아 터져 나오는 울음을 분수처럼 쏟으며 꺽꺽 우셨다. 아빠 곁을 지키던 동생들도 끝내 눈물을 훔쳤다. 나는 울지 않았다. 아빠의 팔을 살살 어루만지며 "아빠 괜찮지? 빨리 집에 오셔야지 병원 지겹잖아?" "그래 아주 갑갑해 죽겠다." 하시며 엄마 울음소리가 신경 쓰이셨는지 "엄마한테 가봐라." 하셨다.

나는 그날 아버지의 눈물을 처음 보았다. 튕겨 나오듯 뛰어나와 엄마를 끌어안고 숨죽인 울음을 꽤 오랫동안 울었다. 그 후로도 아버지는 계속 병원에 계셨다. 절단 부위의 염증 때문이었다. 우리들은 아버지가 병원에 계시는 동안 오빠와 우리 세자매는 예전엔 죽도록 하기 싫었던 농사일을 온 힘을 다해 도왔다. 그해 아버지는 뜨거운 여름 8월에야 집으로 돌아오실 수 있었다.

어린 시절 아버지는, 봄이면 생시금치를 넣어 고추장에 조물조물 무친 비빔국수를 여름 비 오는 날이면, "짜장면이나 만들어 먹자." 하시며 국수에 춘장을 얹어 짜장면을 만들어 주셨다. 콩물에 휘리릭 삶은 국수를 넣으면 콩국수가 되었다. 늦가을이면 동네 아저씨들과 잡은 미꾸라지를 넣은 털레기를 끓여 주셨고 겨울엔 동치미국수와 군고구마를 야식으로 내주셨다. 아버지가 두 팔을 걷어붙이고 만들어 주셨던 국수, 옛날에 먹었던 그 국수가 먹어보고 싶다.

시간이 흘러 네 남매 결혼으로 새 식구를 맞을 때도 집안 경조사에도 아버지의 장애는 우리들의 삶에 장애가 되지 않았다. 아버지의 위대한 오른손은 왼손이 해야 할 일까지 모두를 해내셨다. 경운기 운전도 하셨고, 자전거도 타셨으니 밭일 논일 못 하시는 일이 없었다. 아버지는 퇴원하신 후 지금도 농사를 지으신다. 나는 그 의지가 존경스럽고 감사하다. 바람이 있다면 아버지가 좋아하시는 긴 국수처럼 장수하시는 것이다. 매미가 여름을 한가운데로 끌고 가고 있다. 아버지가 집으로 돌아오셨던 그 여름의 어느 날처럼.

TV 만평 외 1편

신 정 호
shin-jh38@hanmail.net

　여러 가지 계획했던 일들이 끝나고 모처럼 한가한 날이 계속되자 TV를 대하는 시간이 많아졌다. 공영방송 3사만 있던 시절은 옛날이 되었고 요즘은 종합 편성된 채널이 많아진 덕분에 여기저기 돌려가며 쉼 없이 시청할 수 있다. 다양한 프로그램 편성으로 먹방, 여행, 요리, 각종 오디션, 거기에 결혼을 앞 둔 남녀의 사랑을 이루어 나가는 이야기, 묵은 감정을 풀어내는 가족 이야기, 가상 이혼 등이 흥미를 끈다.
　다양한 음식 프로젝트를 성공시킨 분이 한국식당을 찾아볼 수 없는 스페인의 어느 마을에서 식당을 개업했다. 천재적인 장사 수완을 발휘하며 위기의 순간에도 손쉽게 척척 요리를 만들어 내고, 매출을 올리려는 전략으로 지나가는 손님들의 관심을 끌기위해 고심하는 모습을 보면 역시 보통사람은 아니라고 생각한다. 김밥, 떡볶

이, 불고기에 파전과 막걸리까지 선보이는 한국 음식을 보고 외국인들이 흥미로운 눈빛으로 들어와 엄지 척을 하며 맛있게 먹는 광경이 놀라웠다. 함께한 일행들의 역할분담으로 서로 화합하며 애쓰는 모습이 흐뭇했고 방송 요건 상 한시적으로 식당을 운영한다는 것이 아쉬웠다.

 연예인들이 셰프가 되어 만든 음식 중 선택된 메뉴가 편의점에서, 또 밀키트로 판매되어 수익금을 결식아동 지원에 기부하는 바람직한 프로그램도 있다. 전문 셰프가 아니고 연예인이 그것도 잘 생긴 남자가 음식을 손쉽게 뚝딱 맛있게 만드는 것을 보면서 부지런히 레시피를 적어 두었다가 나도 그대로 직접해보면 영락없이 맛깔 나는 요리가 된다. 언젠가는 70세 전 후의 남편들에게 요리교실을 열어 가장 기본적인 요리라면서 밥 안치는 법, 달걀 프라이와 된장찌개를 끓이는 법을 가르쳐주며 실제로 시연을 하여 옆에서 맛보는 아내들이 감동하는 장면을 보았다. 시청자들에게 즐거움과 한자락 감동을 주는 프로그램에 찬사를 보낸다.

 어느 먹방 프로에선 프로 먹방러들이 제한시간 안에 많은 음식을 먹는 것으로 승패를 가르는데 모두 가녀린 몸집인 그녀들은 음식을 입에 넣고 몇 번 씹지도 않고 꿀꺽 삼킨달지, 어마어마한 양의 음식을 한입에 넣어 먹는 것을 볼 수 있다. 상상 이상의 많은 양을 먹고도 몸매는 날씬한 것을 보면 놀랍기만 하다. 주기적으로 출연해도 살쪄가는 모습을 볼 수 없으니 비법이 무엇인지 알고 싶다. 이 분들은 독특한 신체 구조이든지 몸속에 생성되는 소화효소가 특별한 체질이 아닐까 추측해 본다.

절친들과 무인도에 들어가서 직접 내 손으로 잡아야 끼니를 해결할 수 있는 프로도 신박했다. 물때를 맞춰 해루질을 하여 잡은 전복, 성게, 소라, 해삼, 조개 등과 통발을 던져두었다 잡히는 여러 가지 해산물들은 사람 손길이 닿지 않아 큼직하고 싱싱한 자연산이니 얼마나 좋을까. 즉석에서 서투른 손질을 해서 만들어진 음식을 서로 감탄하며 먹는 것을 보면 절로 침이 삼켜진다.

의학정보를 알려주는 프로그램도 많다. 심혈관질환, 관절염, 당뇨, 비만 등에 필요한 약품, 건강보조식품, 운동 등의 처방을 해준다. 먹어야할 음식도 많고 버려야할 생활 습관도 알려주어 방송 내용만 다 숙지해도 웬만한 병은 나을 듯싶다. 게다가 신기하게 그 시간을 맞춰 이웃 홈쇼핑 채널에선 방송중인 건강식품을 판매하는 것을 볼 수 있다.

방송의 근간이라고 볼 수 있는 드라마도 빼 놓을 수 없다. 화면에 펼쳐지는 다양한 삶속에서 간접체험도 하고 대리만족도 느끼면서 다음 방송을 기다리게 된다. 대부분의 드라마는 픽션임을 알면서도 거기에 빠져들어 감격하고, 통탄하고, 응원하고 극중에 나쁜 배역을 맡아 연기하는 배우를 미워하기도 한다. 요즘은 특이한 소재로 4차원적이고 엽기적인 드라마가 많아지는데 반해 옛날 즐겨 보았던 훈훈한 홈드라마나 명랑한 시트콤을 대할 수 없어 아쉽다.

종일 눈을 떼지 못하고 있는 TV를 보면서 생각해 본다. TV에는 세상의 모든 것들이 들어있다. 인간의 삶과 역사, 자연의 세계, 마음의 양식이 되는 강연, 세계로의 여행, 스포츠 등 참 많은 것을 TV를 통해 섭렵할 수 있다. 누군가 요즘 TV는 세상을 만나는 보물 상자라고 했다. 그러나 유익한 정보만 있는 것이 아니라 해악害惡을 주는 요소도 많아 한참 자라는 청소년들을 생각하면 걱정도 된다. 직접 체험하고 느끼기보다는 쉽고 편하게 모든 것을 간접 경험하는 어린 세대일수록 자극적이고 흥미위주의 세상바라기를 하며 쉴 새 없이 쏟아져 나오는 정보를 거르지 않고 빠져들게 된다. 옳고 그름을 판단할 능력이 무디어지면서 깜짝 놀랄 기괴한 행동을 하여 사회적으로 물의를 일으키고도 정작 당사자들의 당당한 태도를 보면 어디서부터 잘못된 것일까 돌아보게 한다. 갈수록 넘쳐나는 지식의 홍수 속에서 부디 선한 영향력을 받아 정의로운 방향으로 배우고, 듣고, 느껴서 바람직한 삶을 살아가는 지침이 되었으면 하는 바람을 해본다.

  오늘 저녁에도 TV에선 부부성악가가 마음에 절절하게 와 부딪치는 노래를 부르고 있다.

  ………서로 사랑을 하고 서로 미워도 하고
      누구보다 아껴주던 그대가 보고 싶다………

다롱이 할머니

이십여 년 전으로 기억한다. 여행 중 가파른 산길을 오르고 있었다. 내 앞에 강아지를 안고 가던 아주머니가 갑자기 "아가. 엄마가 힘들어서 그러니 내려서 걸어갈까?"하고 말했다. 나는 눈을 크게 뜨고 아주머니를 보았는데 아기는 없고 강아지만 안겨있었다. '강아지 엄마? 이게 뭐지? 언제부터 사람과 강아지가 한 족보에 오르게 됐지?' 혼잣말을 하면서 고개를 갸웃했다.

딸네는 몇 년 전에 고양이를 키우게 되었다. 대학 캠퍼스에서 어미를 잃고 사흘 밤낮을 울어대다 기진한 새끼 고양이를 사위가 데려와 키우기로 했다는 것이다. 나는 집안이 지저분하고 신경쓰일 텐데 괜한 짓 한다고 나무랐다. 그러나 애들이 라면박스로 집을 만들어주고, 본인들 돌림자를 넣어 이름도 지어주면서 이미 가족으로 받아들여 키우고 있었다.

　그러던 어느 날. 딸애가 주차장에 차를 세우는데 바닥에 피를 흘리고 죽은 것처럼 널브러져 있는 새끼 고양이를 발견하고 동물병원으로 데려갔다. 어찌된 사연인지 복막이 터져 거의 생존 가망이 없었다고 한다. 급히 수술을 하고 다행히 잘 회복이 되어 퇴원을 하게 되었다. 유기묘인 녀석을 어디로 보낼 수가 없어 딸은 집으로 데려갔다. 그러나 이미 한 마리가 영역을 확보하고 있어 끼어든 새끼 고양이를 가만두지 않고 공격했다. 털이 한 움큼씩 빠지고 무서워서 높은 선반 구석에 종일 숨어있는 것을 보다 못한 딸은 내게 잠시 키워주길 부탁한다면서 우리집으로 데리고 왔다.

　나는 고양이가 예쁘긴 해도 키우고 싶은 마음은 없었다. 내가 어렸을 적엔 쥐를 잡아먹으면서 밖에서 지냈던 그 기억이 남아있을 뿐만 아니라 고교시절 읽었던 애드가 알란 포우의 단편 <검은 고양이>가 잊히지 않아서였다. 아내를 죽여 벽 속에 묻어 완전 범죄로 끝나려는 상황에서 산 고양이가 그 속에서 울음소리를 내서 모든 게 드러난 결말은 소설이지만 괜히 섬뜩한 느낌이 들고 영물靈物로 느껴져 좀 꺼려졌다. 더욱이 언젠가 헤어져야할 때 맞닥뜨리게 되는 감정의 소용돌이를 감당할 수 없을 것 같았다.

　딸은 '잠시 키워 주시면 합사가 가능할 때 바로 데려가겠노라'고 사정을 했다. 나는 마뜩잖았지만 합사가 가능하거나 다른 데 입양이 되어 갈 때까지만 봐주기로 했다.

　딸이 돌아간 후 내 두 주먹 정도의 몸집인 새끼고양이는 침대 밑에 들어가 애닯게 울어댔다. 마음 한편으로 안쓰러운 마음이 들어

신정호　133

냥이들이 좋아한다는 간식을 딸이 두고 갔길래 입에다 대고 짜 주었더니 배가 고팠는지 맛있게 먹었다. 그렇게 시작된 녀석과의 생활이 2년이 지났고 지금은 우리 가족의 중요한 구성원이 되었다. 녀석은 집안 여기저기에 본인의 영역을 만들고 종횡무진 제 맘대로 다니면서 숨어 있기도 하고 옆에서 네 다리를 쭉 뻗고 곤히 자기도 했다.

 요즘은 반려동물의 인기가 대단해서 집에서 여러 마리의 강아지나 고양이를 키우는 것을 본다. 삶의 우선순위를 바꿀 만큼 반려 동물은 집안에서 0순위가 되었다. 아이를 태우고 다녀야 할 유모차에 반려동물을 태우고 다니는 모습을 보면서 한편으로 출산율이 갈수록 저조하여 국가적인 이슈가 되는 요즘 우리 삶의 가치관이 어떻게 변화되어 가는지 걱정도 된다. 반려동물을 아이와 함께 키우는 가정은 아이들이 정서적으로 안정되고 배려심이나 책임감도 강해져 교육적인 효과도 있다고 가족의 일원으로 자리 매김 하는 듯하다.

 딸애가 고양이를 키우기 시작할 무렵, 어느 날 반찬을 만들어 딸네 집으로 갔다. 고양이가 나를 경계하지 않고 다가오길래 등을 쓰다듬어주었다. 그랬더니 이 녀석이 '골골' 소리를 내면서 드러누웠다. 깜짝 놀라 딸에게 어디서 숨소리가 이상한 아픈 고양이를 데려왔냐고 빨리 다른 입양처를 알아보라고 했다. 딸은 박장대소를 하더니 고양이의 '골골송'은 기분 좋을 때 내는 소리라고 알려주었다. 녀석들은 몸의 청결을 위해 자신의 몸을 핥아내는 그루밍을 하고 나중에 헤어볼로 토해내는 참 별난 습성들도 가졌다. 냥이 특유의 습성을 하나씩 알아가면서 동물의 세계는 참 놀랍다는 생각이 들었다.

어쨌든 나는 어느새 녀석의 충성스러운 집사가 되어 있었다. 녀석이 맑은 눈으로 나를 빤히 쳐다보고 있을 때면 나는 젊은 날 가보았던 레이크 루이즈의 옥색 물빛에 빠져든다. 내가 외출에서 돌아와 현관의 도어락을 두들길 때부터 녀석은 문 안쪽에서 '야옹'거리고 문을 열자마자 내 앞에 발라당 드러눕는다. 등허리를 쓰다듬고 궁둥이를 통통 두들겨주면 '골골' 소리를 내면서 몸을 뒹군다. 밤에는 나보다 먼저 내 침대에 올라가 자리 잡고 누워 있다가 내가 옆에 누우면 몸을 비벼대며 기대어 잠을 잔다. 갓 태어나 어미 고양이 품에 안겼던 기억이 남아 있어서일까. 어느 날 맑고 동그란 눈으로 나를 바라보는 녀석에게 말을 건넨다.

"넌 누구를 제일 사랑하니?" 나를 보면서 귀를 쫑긋함은 아마도 '나' 일 것이라는 확신을 하며 그런 나를 향해 웃는다. 날이 갈수록 우리 사이는 돈독해지고 녀석의 자잘한 재롱들이 잔잔한 삶의 생기를 불러일으킨다.

오늘도 외출하면서 나를 배웅하는 녀석을 향해
"다롱아. '할머니' 다녀올게. 집 잘 보고 있어."하면서 손을 흔들어 준다. 문득 오래 전 산길에서 만난 강아지 엄마가 떠올라서 피식 웃음이 나왔다.

손길 외 1편

윤 동 희
azaptowife@naver.com

"자글거리는 얼굴, 무너진 턱선, 처진 가슴, 굽은 등, 납작한 엉덩이, 탄력 없는 팔과 다리"

몇 달 전 관람한 연극 <토카타> 중 여주인공의 대사다. 토카타는 이탈리아어 토카레(toccare) 에서 유래한 것으로 '손대다' '접촉하다'의 의미이다.

유일하게 곁을 지키던 늙은 개를 떠나보낸 늙은 여자. 그녀는 외로움에 매일 걷고 또 걷는다. 젊은 날, 자신을 어루만지던 남편의 손길을 떠올리며 지금 자신의 몸을 더듬어 본다. 극의 작가는 인간의 접촉이 불순하고 위험한 것이었던 코로나 기간을 겪으면서 촉각이라는 것, 인간의 피부, 촉감이 중요한 이야기의 축이 될 수도 있다고 생각했고, 이 연극은 '고립이란 측면에서 조금 더 몰아 붙여진 사람들의 이야기'라고 설명했다.

다른 이를 어루만지는 것, 다른 이와의 접촉은 정情의 표현, 곧 가장 직접적인 사랑의 표현이 아닐까. 어린 시절 엄마의 손길은 언제나 따뜻했다. 잠들기 전 볼을 쓰다듬어 주시고, 배가 아플 때면 배를 만져 주시던 손길의 따뜻함은 익숙함으로 새겨졌다. 마치 내가 내 몸을 만지는 것 같았다.

핸드백 디자이너 시절, 회사 업무의 일환으로 주말에 가끔 매장 판매 지원을 나갔었다. 하루종일 미니스커트에 하이힐을 신어도 끄떡없던 시절이라 그날도 미니스커트를 입고 매장에서 근무 중이었다. 갑자기 어떤 손이 허벅지 사이로 들어왔다. 어찌나 놀랐던지 심장이 두근거리고, 다리가 후들거렸다. 그 손길의 주인공은 너 댓살 정도 된 매장 방문 고객의 아이였다. 아이가 왜 그랬는지는 모르겠지만 화를 낼 수도 없는 상황이라 웃고 넘겼었다.

익숙한 이의 손길과 처음 느끼는 이의 손길이 이렇게나 다르다니, 어색한 손길이 익숙한 손길이 되는 데는 얼마만큼의 시간이 필요한 것일까. 아니면 시간과 상관없이 상대방에 대한 애정의 정도에 따라 다르게 느껴지는 것일까.

<토카타> 작가의 말처럼 지난 코로나 기간 동안 다른 사람과의 접촉은 위험한 행동이었다. 악수는 물론이고, 얼굴을 마주 보는 것도 어려웠다. 그 시간을 거쳐 오면서 외로운 사람들은 더 외로워졌고, 사람들의 관계도 소원해졌으며, 혼자 있는 것에 익숙해졌다. 코로나가 잦아들고 조금씩 이전의 삶으로 돌아왔지만, 여전히 전과 같은 생활은 아니다. 젊은이들은 섬처럼 혼자 지내는 것이 당연한

윤동희

듯, 지금도 외부와 단절된 삶을 살기도 한다.

  사람은 혼자 살 수 없다. 서로 간의 관계를 통해서 기쁨을 느낀다. 손을 맞잡음으로써 따뜻한 정을 느끼고, 한 번의 토닥거림으로 기운을 얻는다. 한 달에 한 번, 봉사활동으로 찾아뵙는 독거 어르신들은 너무나도 반갑게 우리를 맞아 주신다. 냉장고에서 유통기한 지난 초코파이와 믹스커피를 내어 주시며 더 있다 가라고 하신다. 손을 잡아 드리고, 말씀을 들어 드리면 얼굴빛이 훨씬 밝아지신다. 꽃동네 봉사 때 만난 중증 장애를 가진 소녀도 그랬다. 하루 종일 침대에 누워 창밖만 바라보던 소녀는 따뜻한 수건으로 얼굴과 몸을 닦아 주고, 말을 걸어 주니 수다쟁이가 되었다. 작은 관심과 손길만으로도 외로운 이들을 잠시나마 행복하게 할 수 있음에 나는 오랫동안 시간을 내어 봉사활동을 이어 왔다.

  잠투정으로 칭얼대다가도 내 품에서 잠들던 딸아이, 어린 시절 추운 겨울이면 내 손을 꼭 감싸 쥐어 주시던 아빠의 따뜻하고 큰 손, 자연유산 후 슬퍼하던 나를 안아 주던 남편의 너른 가슴, 막 태어난 아이를 안았을 때의 두근거림, 이 모든 손길과 접촉으로 나는 더 풍요로워지고 단단해졌다.

  지금 외로운 모든 이들도 누군가와 손을 맞잡고 서로의 손길을 느낀다면 외로움에서 벗어나 따뜻해질 수 있을 것이다. 가까운 사람들부터 살펴보고, 수줍어하지 말고 그들과 손을 잡아 보면 어떨까.

엄마와 딸

 딸이 외출 준비에 한창이다. 찰랑찰랑 머리를 말리고, 파운데이션을 곱게 바르고, 눈을 치켜뜨고 마스카라를 바른다. 한 송이 꽃처럼 피어나는 딸. 그 모습을 뒤에서 지켜보면서 우리 딸이 참 예쁘다고 생각하던 내 마음에 불쑥 생경한 감정이 일렁였다. 질투! 이것이 엄마가 딸에게 가질 수 있는 감정일까. 내가 이상한 사람인가. 도대체 왜 이런 감정이 드는 것일까.
 나에게도 리즈시절이 있었다. 44사이즈 개미허리에 연예인 누구를 닮았다는 얘기도 들었다. 나의 젊음과 아름다움은 지속되리라고 방심했다. 세월을 지나 지금의 나는 관리되지 않은 흔한 50대 아줌마일 뿐이다. "너 낳고 안 빠진 살이 지금까지다." 딸아이에게 괜스레 투덜대지만, 마음 깊은 곳에서는 내 탓인 것을 안다. 내가 게을렀다는 것을. 지인들은 우리 딸이 나를 쏙 빼닮았다고 한다. 그럴 때마

윤동희

다 좋기도 하지만 서글프기도 하다. '나의 아름다움을 네가 가져갔구나, 나는 껍데기만 남았구나.' 하는 생각이 든다. 딸아이가 가진 아름다움의 근원은 어디일까. 나로부터 시작된 것일까. 아니면 그저 한창때의 싱그러움인 것인가. 날이 갈수록 딸은 더욱 예뻐지는데 나는 한없이 작아져 간다. 다시 예전의 그 시절로 돌아갈 수는 없는 것일까.

요즘 나는 갱년기를 호되게 치르는 중이다. 관절통, 근육통, 어지럼증. 병원으로 향하는 발목에 모래주머니를 차고 있는 느낌이다. 몸이 아프니 기분도 좋지 않고 매일 같이 여기저기 아프다는 말에 이제는 가족들도 무심한 듯 보인다. 나는 너무 괴로운데 공감하지 못하는 가족들을 보면서 섭섭하다 못해 원망스럽고, 자연스럽게 엄마 생각이 난다. 대학교 1학년 무렵이었다. 엄마가 손가락 마디마디가 쑥쑥 쑤시고 아린다고 하시면서 연신 손을 주무르셨다. 그때 나는 그냥 그런가 보다 했다. 엄마의 아픔에 전혀 공감하지 못했고, 병원에 가 보라는 형식적인 말을 했을 뿐이다. 그런데 지금 내 손가락 마디마디가 쑤시고 아프다. 가족들 역시 나의 아픔에 공감하지 못한다. 엄마가 얼마나 섭섭하셨을지 이제야 알게 되었다. 그때 엄마는 어떤 생각을 했을까.

엄마는 나의 두 아이를 모두 키워 주셨다. 아빠가 돌아가시고 엄마가 제일 힘들었을 때도 나는 아이들을 엄마에게 맡기고 일을 핑계로 밖으로 나돌았다. 그러던 어느 날 엄마가 말씀하셨다. "너 미워!" 그 한 마디가 내 마음을 후려쳤다. 어리둥절한 눈빛으로 아무 말도 하지 못하고 엄마를 한참 바라보았다. 어떻게 내가 미울 수가 있을까. 엄마는 과하다 싶을 정도로 나를 사랑하셨다. 다 자라서 어른이 된 후에도 '어이구, 내 새끼'를 외치시며 내 엉덩이를 두들기셨다. 학창 시절 바쁜 아침 등교 시간에는 국에 밥을 말아 들고 다니면서 내 입에 밥을 넣어 주기까지 하셨다. 엄마는 항상 모든 것을 내어 주는 사람인 줄 알았고, 그것이 당연하다 여겼다. 내가 첫 아이를 낳았을 때 엄마는 말씀하셨다.

"동희야! 엄마에게 받은 사랑을 돌려줄 생각하지 말고 받은 대로 네 아이에게 주면 된다."

엄마의 말씀대로 나 또한 최선을 다하여 딸아이를 키웠고, 아이는 건강하고, 똑똑하고, 예쁘게 잘 자라 주었다. 하지만 때때로 딸에게 섭섭한 마음이 들고 미울 때가 있다. 다정하게 불렀는데 '왜?'라며 쌀쌀맞게 대답할 때, 나와의 약속을 아무렇지 않게 어길 때, 아픈 나에게 신경 쓰지 않고 쌩하니 외출할 때 등이 그렇다. 고등학생이던 딸아이가 한 번만이라도 엄마와의 말싸움에서 이겨보고 싶다고 한 적이 있었다. 엄마를 롤모델로 생각한다면서 왜 굳이 이겨보고 싶은 걸까. 나를 저의 경쟁상대로 생각하는 듯하여 어이가 없었는데, 엄마가, 딸인 내가 미울 수 있는 것처럼, 내 딸도 엄마인 나를 이기고 싶을 수 있겠다는 생각이 든다. 도대체 엄마와 딸은 어떤 관계인 것일까.

세상에서 가장 친밀한 관계, 엄마와 딸. 딸이 엄마가 되고, 그 딸의 딸이 또 엄마가 되면서 사랑하는 만큼 미워하기도 하고, 닮은 만큼 시샘도 하면서 세대를 이어가는 것이 아닐까. 딸일 때는 몰랐던 것들을 엄마가 되고 나서 하나씩 알아 가고 있다. 앞으로도 몰랐던 많은 것들을 알게 될 것이고, 그때마다 엄마에게 미안하고 죄송한 마음이 들 것이다. 지금은 옆에 계시지 않은 엄마께 뒤늦은 용서를 구한다.

싸움의 기술 외 1편

이 민 재
same-old@hanmail.net

아내…

고3 수험생 딸과 중학생 아들에게 모든 일정이 맞춰진 아내는 개인시간이 거의 없었다. 그러다보니 남편과 사소한 일도 말다툼이 되곤 했다. 아내는 아이들이 있기에 싸움도 못하고 잔소리만 늘어놓다 끝나곤 했다. 남편은 다음날이면 아무렇지 않은 듯 잊어버렸지만 아내는 자꾸만 스트레스가 쌓여 아이들 없는 곳에서 속내를 다 풀어내고 싶었다. 아내는 남편에게 저녁에 데이트 하자는 문자를 보냈다. 아이들 저녁준비를 해두고 외출하는 엄마에게 아이들은 속도 모르고 데이트 잘하고 오라며 환하게 인사를 한다.

회사 앞에서 기다리니 남편이 활짝 웃으며 나온다. 남편의 웃는 모습에 그냥 저녁 먹고 재미있게 놀다가 들어갈까 하고 아내의 마음이 잠깐 흔들린다.

남편은 일식집을 예약했다면서 저녁을 먹고 미사리 라이브 카페에 가자고 한다. 아내는 카페 말고 모텔에 가서 두세 시간만 있다 오자고 한다. 남편은 아내 속도 모르고 '모텔?' 깜짝 놀라며 속없이 활짝 웃는다. 밝고 씩씩한 아이들, 가정적인 남편, 며칠간 쌓인 스트레스가 내 탓인가 싶어서 아내는 또다시 갈등한다.
　저녁식사 후에 남편과 모텔로 갔다. 모텔이 호텔 못지않게 깨끗하고 조용했다. 아내는 프런트에서 건네준 주머니를 펼쳐보았다. 남녀에게 필요한 모든 물건이 다 들어있었다. 아내는 슬쩍 웃음이 났다.
　어색해하며 분위기를 잡으려는 남편에게 아내는 찬물을 끼얹듯이 한마디 한다. 아이들과 주변 눈치 안보고 싸울 수 있는 장소로 모텔을 택했다고 했다. 아내는 그동안 아이들 때문에 쌓인 스트레스와 며칠 전 다툼으로 남은 응어리를 마구 풀어냈다. 쌓였던 화는 계속해서 아내를 더 화나게 만들었고, 푸념은 더 많은 푸념을 쏟아내게 했다. 한바탕 언쟁이 오고간 뒤에 아내는 화를 잠재우고 푸념의 단어들은 반성으로 바뀌고 있었다.
　아내는 아이들 생각에 집에 가자고 일어서는데 남편이 그냥 가긴 아쉽다며 쉬었다 가자고 꼬드긴다. 하지만 아내는 싸우느라 기운 빠져 그냥 가야겠다며 남편을 뿌리친다.

　남편…
　남편은 퇴근시간 맞춰서 회사로 나오겠다는 아내의 문자를 받고 둘이서 외식을 해본 적이 언제였던가를 생각해보았다. 남편은 모처럼 아내와의 데이트를 위해 아내가 좋아하는 연극, 뮤지컬을 찾아보았으나 아쉽게도 월요일이라 공연이 없었다.

남편은 아내가 지난 말다툼과 아이들 뒷바라지로 스트레스가 쌓여 있다는 것은 생각도 못하고 있었다.

퇴근시간이 되자 아내가 1층 로비에서 기다린다는 문자가 왔다. 얼마만의 데이트인가 생각하면서 남편은 즐거운 맘으로 로비로 내려갔다. 아내는 예약해둔 횟집에 가는 걸 싫다면서 간단히 먹겠다고 하자 남편은 고기를 더 좋아하는 아내를 생각하고 잠깐 후회를 했다. 또한 카페가 아닌 모텔을 가자고하는 아내의 속내를 모르는 남편은 약간 설레고 들뜬 기분이었다. 남편은 식당 주인에게 근처 모텔의 위치를 물어본다. 불륜커플로 생각했는지 좋은 곳이라면서 자세히도 알려준다.

모텔에서 남편은 아내의 의도를 알고 잠깐 실망을 했다. 며칠 전에 티격태격했던 그 일을 아직도 풀지 않고 있는 아내가 속 좁게 느껴졌다. 남편은 작정하고 덤비듯 싸움을 걸어온 아내가 이해되지 않았다. 아내는 다 잊은 줄 알았던 지난 싸움거리와 그동안 서운했던점을 얘기하면서 큰소리도 내고 울기도 하면서 마구 쏟아냈다. 남편은 아내가 뒤끝이 길다는 생각을 하면서 말을 받아치기 시작했다. 몇 번의 큰소리가 오고 간 뒤에 남편은 아내를 달래주었다. 아내의 심정을 이해 할 것도 같았다.

얼마쯤 지나니 아내는 스스로 화를 풀었다. 집에 있는 아이들 생각이 났는지 빨리 집에 가자고 한다. 남편은 모텔에서 그냥 가기는 뭔가 아쉬웠지만 어쩔 수 없이 일어나서 나왔다

부부…

부부는 아이들 간식거리를 사들고 집에 오는 길에 이야기를 했다. 자기만의 감정으로 판단하고 행동하다보니 상대방의 마음을 헤아려주지 못했다며 서로 반성한다고 했다.

부부싸움은 칼로 물 베기라더니 부부는 처음 간 모텔인데 쇼파에만 앉아있다 나온 것이 아쉽다며 야릇하게 웃었다. 웃는 얼굴 속으로, 부부는 생각하고 있었다. 아내는 스스로 풀지 못하고 응어리를 쌓아두고 싸움을 걸었던 것에 대해서 미안한 마음을 가졌다. 남편은 작정하고 싸움을 걸어오는 아내를 좀 더 너그럽게 감싸주지 못한 것을 탓하고 있었다.

부부는 한 달에 한번 부부의 날을 만들어 외식도 하고 공연도 보러 다니자고 약속을 했다.

부부는 오랜 시간이 흐른 지금까지도 둘만의 시간을 소중히 여기며 그들만의 부부의날을 챙기면서 산다. 대화하는 시간을 많이 가지려고 하는것도 서로를 있는 그대로 인정하고 섣불리 상대를 판단하지 않기 위한 노력이다.

오늘이 공식적인 부부의 날이라고 한다. 가정이 화목하기 위해서는 어버이날, 어린이날보다도 더 소중한 날이 아닌가 싶다.

오늘도 추억이다

친구들과 제주도 여행 중이었다. 따사로운 햇살, 파란바다를 상상하며 한껏 부푼 기대와 달리 제주도는 겨울인지 봄인지 스스로도 헷갈리는 모양이다. 겨울을 밀쳐 내지도 못하고, 완연한 봄을 맞이하지도 못한 채 어정쩡하게 2월을 보내고 있었다.

차를 렌트할 때 오후에 눈이 온다했으니 일찍 숙소로 귀가하라고 했다. 제주의 날씨는 육지와 다르게 눈이 오면 차량통행이 힘들다며 거듭 강조했다. 여행에 대한 기대와 흥분으로 날씨 따위는 안중에도 없었기에 그들의 당부 또한 귓전을 스쳐 갈뿐이었다. 저녁식사를 마치고, 서둘러 갈 생각은 하지 않고 수다는 늘어지기만 했다.

제주 중산간에 위치한 숙소로 가는 도중 소나기눈이 내렸다. 제주의 폭설은 육지에 사는 우리들이 상상할 수 없을 정도였다. 길이 미끄러워 도저히 운전을 할 수가 없어 렌터카 회사에 연락을 했다. 갑자기 쏟아지는 대설로 렌터카들이 비상이라며 한 시간 이상 기다려야 견인해 줄 수 있다는 말만 급하게 남기고 매정하게 전화를 끊어버렸다.

 쏟아 붓듯 내리는 함박눈은 순식간에 바퀴를 숨길만큼 쌓였다. 바닷가에서의 즐거웠던 기분은 사라지고 불안한 마음에 점점 더 움츠러들었다. 거북이처럼 간간히 오가던 차량의 그림자마저도 사라지고 없었다. 일상을 벗어나고자 떠난 여행에서 아늑한 일상이 그리워지는 순간이다. 낮 시간의 즐거웠던 수다와는 다르게 무거운 침묵 속에 앉아있었다. 3km 정도 남은 거리인데 우리 일행은 차를 갓길에 세워두고 걷자는 사람과 기다리자는 사람, 의견들이 분분했다. 하루에도 수십번씩 갈등하고, 때로는 무의식적으로 했던 선택을, 우리는 당장 결정해야만했다.

 갑자기 한 친구가 스노우 체인을 걸어보겠다고 했다. 그 친구의 용기에 힘을 모아 어찌어찌 체인을 감았다. 마치 큰일이라도 해낸 것처럼 아줌마 다섯이면 못할 일이 없다며 우리는 의기양양했다. 하지만 문제는 그때부터였다. 바퀴까지 쌓인 눈 속을 운전한다는 것은 엄두가 나지 않았다. 앞서 가던 차들도 한쪽에 머물고 있는 상황인데 일행 중 한명이 자진해서 운전을 하겠다고 나섰다. 용감하게 운전대를 잡은 언니는 거북이보다 더 느리게 운전을 했다. 나는 행여나 차가 길을 벗어나 산속에 처박힐까봐 운전하는 언니 옆에서 계속 주의를 주고 있었다. 운전하는 언니는 농담까지 해가며 여유를 부리고, 한쪽에선 그동안 겪었던 폭설에 대한 추억을 얘기하느

라 도로 상황은 잊은 듯 했다. 같은 상황인데 생각과 행동은 각자의 색깔로 표현되고 있었다

 걸어가도 30~40분이면 족히 도착할 곳을 자동차로 1시간이 넘게 걸려 숙소에 도착했다. 개선장군 마냥 대단한 일을 해냈다며 수다 삼매경에 빠져있는데 그때서야 렌터카 회사에서 연락이 왔다. 합창하듯 '됐습니다!'를 외치는 친구들은 뭐가 그리도 자랑스러운지 세상을 다 얻은 듯한 표정들이었다. 서로의 불안과 기쁨까지도 함께 하는 친구들이 있었기에 가능한 일이었다.

 흐릿한 바닷가에서 시작한 여정이 폭설 속에서 추억을 남기고 맑게 갠 성산일출봉의 유채밭에서 끝이 났다. 이렇듯 여행은 예기치 못한 상황에서 추억이 남겨지기도 했다. 일상을 누리는 삶의 방식이 제각각인 친구들의 성향까지도 알게 되는 짜릿한 여행에서 자연의 흐름에 순응하는 법도 알게 되었다.

 몇 년의 시간이 흐르고 다시 2월이 왔다. 서울에도 며칠 포근했던 날씨에 갑자기 눈이 오고 있다. 서울의 2월은 제주와 다르게 봄을 맞이할 생각이 없는 듯 싸늘하기만 하다. 펑펑 쏟아지지만 금방 녹아버리는 봄눈처럼 폭설 속에 갇힌 기억은 금세 또 다른 추억으로 채워져 이내 잊혀져가고 있다.

 상상도 못했던 코로나로 내 집에 갇혀 산지 몇 달이 지났다. 사회적 거리두기로 만나지 못하고 안부만 묻는 친구들이 새삼 그립다. 맘만 먹으면 언제든 갈 줄 알았던 여행도 이리저리 눈치를 봐야하는 상황이다. 눈에 보이지 않은 그 무엇이 눈에 보이는 모든 것을 다

덮어버리고 뒤흔들고 있다

 어릴 적 호되게 감기를 앓고 나면 햇살도 바람도 다르게 느껴졌던 것처럼 코로나로 힘든 상황을 견디고 나면 매번 반복되는 일상도 새롭게 다가올 것이다.

 '인생이란 언제라도 지금부터야, 누구에게나 아침은 반드시 찾아온다'는 어느 시인의 시를 떠올려본다.

그리운 아버지께 외 1편

이 영 희
slhm0302@naver.com

그리운 아버지!
며칠간 봄비가 내리더니 오늘 아침은 맑게 갠 하늘에 구름만 간간이 떠가는 화창한 봄날입니다. 아버지가 계신 그 곳에도 봄이 한창이겠죠. 어디 불편한 데는 없으신지요. 혹여 외롭지는 않으신지요. 아버지는 소를 몰고 논을 가는, 밭을 갈고 씨를 뿌리는 농부의 모습으로 살아가고 계시는지요. 햇볕에 검게 그을린 모습으로, 들로 나간 아버지께 저처럼 막걸리 사다 드리는 어린아이도 있는가요. 아버지가 그토록 좋아하시던 약주를 그 곳에서도 잡수고 계시는지요.
벚꽃이 만개할 때였죠. 아버지는 마을 뒤, 높은 산기슭 상자 골로 피나무껍질을 구하러 가시곤 했어요. 아버지를 따라나선 그날이 새록새록 생각납니다. 올려다본 나무들 사이로 들어 온 하늘은 파랬어요. 그때 깊은 산 속에서 부는 초록 바람이 얼마나 시원했던지 오슬오슬 한기가 들 정도였죠. 산에 오르던 아버지의 뒤를 노래 부르며 졸졸 따라가던 그때가 주마등처럼 스칩니다. 소풍 온 어린아이처럼 들떠 있어 그랬는지 산에 오르는 게 하나도 힘들지 않았지요. 편편한 바위에 앉아 어머니가 싸 주신 양은 도시락 안에 들어있던 반찬은 짠 무지 몇 조각과 된장뿐인데도 왜 그리도 맛있었던지요. 지금도 그날이 그립습니다. 아버지와 함께 피나무를 찾아 헤매고 다니던 그 깊은 산골에 밥을 먹으려고 앉았던 바위도, 고사리 같은 손을 모아서 떠먹은 샘물도, 이름 모를 산새들의 지저귐도 바로 어제인듯 눈에 선합니다.

아버지께서 그곳에서 지켜봐주고 있기에 어머니도 오빠와 저도 잘 지내고 있습니다. 몇 년 전, 어머니는 밭에서 넘어지신 뒤론 농사일은 못 하지만, 예전처럼 식사도 잘하시고 정신도 또렷해서 인지 여전히 우리의 버팀목으로 잘 지내고 계십니다. 어머니는 아버지가 떠나신 후엔 그리도 잘 빚던 술은 담그지 않습니다. 매양 설날이면 약주 좋아하는 아버지를 위해 정성껏 술을 빚어 담은 항아리를 다락방에 올려놓았지요. 이불에 묻어 둔 항아리에서 구수하게 술 익는 냄새가 풍기곤 했지요. 술맛은 내가 잘 안다며 아직 익지 않은 술을 양재기에 담아 주며 맛보게도 하셨지요. 손님이 오실 때마다 가파른 다락방을 오르내리며 약주를 내오던 어머니의 정겨운 모습과 술상 앞에 앉아 어머니가 들고 올 술 주전자를 기다리던 아버지의 미소가 그립습니다. 어머니가 담근 술이 최고란 손님들의 찬사를 들을 때마다 크게 웃으시던 아버지의 얼굴이 떠오릅니다. 정월이면 방 안을 메운 손님들과 덕담을 나누고, 안마당에서 윷놀이로 웃음이 담장을 넘던 그날이, 아버지도 그리우시죠. 갈색 명주 두루마기를 차려입고 정성껏 설 차례를 지내시던 아버지. 오빠와 저에게 지방 쓰는 법을 가르쳐 주던 아버지. 작은아버지와 큰외삼촌과 외갓집 식구들에게 세배를 받으며 덕담을 나눠주던 아버지. 아버지와 함께했던 그 모든 날이 동공 속에서 영롱하게 추억되고 있습니다.

 아버지 기억하시지요. 윗목에 놓아둔 걸레가 꽁꽁 얼 정도로 추운 겨울밤, 저는 뒷간 가는 것을 무서워했어요. 그런 저를 위해 아버지는 요강을 준비해 주셨지요. 아침이면 소변으로 가득 찬 요강을 들고 조심조심 댓돌을 밟고 내려가던 아버지의 뒷모습이 기억 속에 남아 있습니다. 동이 트기 전, 쇠죽을 다 끓이고 난 후 커다란 가마솥에 식구들의 세숫물을 데우셨지요. 아침밥을 지으시는 어머니와 부엌에서 두런두런 나누던 다정한 목소리가 마치 굴뚝에서 나오는 연기처럼 피어납니다. 항상 두 분의 대화는 동네 사람들의 이런 저런 소식들로 이어지곤 했는데 마치 꽁꽁 언 새벽을 녹이는 듯 그 대화가 훈훈했던지 다시 아랫목 이불속에서 잠이 들곤 했지요. 아궁이에서 탁탁 불 때는 소리, 어머니가 사각거리며 쌀 씻는 소리, 솥에서 보글보글 끓는 구수한 된장국 냄새, 아궁이에 타고 남은 불을 세발 놋화로에 담아 오며 나는 숯 냄새가 방 안의 공기를 훈훈하게 데우던 그때가 그립습니다.

 어머니는 저에게 늘 심부름을 시켰지요. 어머니가 손수 만든 술안주를 챙기고, 빛바랜 하얀 양은 주전자를 들고 양조장으로 술을 사러 가던 일이 기억납니다. 양조장에서 가득 막걸리가 담긴 주전자를 들고나와 조심조심 논두렁길을 걸으며 아버지를 불렀습니다. 어느 해 늦은 봄밤, 그 해에 가뭄으로 논에 물을 대러 가는 아버지 따라나섰던 그날, 만월의 달빛은 유난히 밝고 깨끗했지요. 조용히 잠든 벼 사이로 밤공기를 가르며 들려오는 풀벌레 소리, 봇도랑에서 흘러오는 물소리도 크게 들렸습니다. 아버지는 손전등을 들고 우리 논으로 물이 잘 들어가고 있는 것을 보려고 아버지와 함께 밤 논둑을 걸어 다니던 그날이 참 행복했습니다. 우리 논에 물이 콸콸 흘러 들어가는 것을 확인하고는 안심이 되었는지 그제야 콧노래 부르며 집으로 돌아오던 그 길을 훤하게 비추던 달빛 가득했던 그 밤이 그립습니다.

  오빠가 한약이라도 먹을 때면 사탕을 들고 계시다가 오빠 입에 쏙 넣어 주시던 아버지.아버지가 그처럼 사랑하셨던 오빠는 아버지가 떠나시고 난 후, 좋은 색시 만나서 일가를 이루었답니다. 오빠 내는 아들만 삼 형제를 두었는데, 조카들이 태어날 때마다 어머니는 손주들의 재롱을 아버지와 함께 보실 수 없음에 늘 안타까워하셨습니다. 오빠 내외가 밤으로, 낮으로 열심히 살아서인지 손주들도 반듯하게 커가는 모습에 어머니는 굽이굽이 아버지를 생각하셨어요. 그런 어머니를 바라보는 저도 아버지가 늘 그립습니다. 아버지는 오빠의 가슴 속에 영원히 살고 계시다 구요. 그리 어머니께 말하곤 합니다.

  저도 결혼해서 남매를 두었습니다. 아버지가 저를 많이 사랑하셨듯이 저도 제 아이들에게 최선을 다하고 있습니다. 비록 곁에 계시진 않아도 늘 저를 지켜 주신다고 생각합니다. 아이들의 수능 때도 밤새 홀로 앉아 아이들이 원하는 대학을 갈 수 있도록, 무사히 시험을 치를 수 있도록 아버지를 찾으며 매달리고 기도했던 저를 다 보고 계셨겠지요. 그 아이들이 혼기가 찼는데 아직도 자식들을 품 안에 데리고 있으니 조금은 걱정입니다. 어서, 좋은 인연을 만났으면 하는 바람입니다.

언젠가 어머니께서는 아버지를 만나시게 될 날을 생각하면, 아버지가 좋아하셨던 시계를 선물로 가지고 가고 싶다고 말씀합니다. 어머니가 시계를 차고 계시면 아버지가 어머니 곁으로 오실 거라고 말씀하십니다. 아버지! 늘 가슴으로만 생각하면서 그리워하는 것으로 제 할 도리를 다한다고 생각했는데, 이렇게 마음으로 쓰는 편지를 아버지께 처음 전한다고 생각하니, 무심히 지낸 세월이 죄송할 따름입니다. 이제 봄이 가고 여름이 문턱에 와 있네요. 아버지를 닮은 저는 지금도 더위를 많이 타는데, 이제 곧 여름입니다. 들에서 들어오면 땀방울로 가득했던 아버지 얼굴이 엊그제 같습니다. 아버지가 계신 그곳도 꽃피고 새우는 봄이, 상자 골 깊은 계곡처럼 푸르른 초록이 노래하는 곳이기를 소망합니다. 아버지, 늘 그곳에서 건강하시고 약주는 조금만 잡수시고, 행복하시길 기원합니다. 아버지의 딸로 태어나 행복했고, 감사했습니다. 그리운 아버지!

친정 엄마와의 하룻밤

"집안일은 다 잊어버리고 잘 다녀와요. 엄마는 내가 잘 모시고 있을게요." 올케언니가 아들, 며느리, 손주들과 함께 홍천으로 1박 2일 여행을 떠났다. 언니네 가족이 여행을 가면 거동이 불편하신 엄마는 내 차지다.

친정엄마와의 오붓한 하룻밤이 얼마 만인가. 올케언니 못지않게 내 마음도 들떠 있었다. 결혼 후, 엄마를 모시고 제대로 된 나들이 한 기억이 없다. 오로지 당일치기로 아이들과 함께 가까운 곳으로 몇 번 갔던 게 전부다. 평소 엄마는 집 떠나는 것을 좋아하지 않았기에 나는 엄마가 나들이 하는 것을 좋아하지 않는다고 생각했었다. 좀 더 일찍이 엄마와 단 둘이서 여행하지 못한 게 후회됐다. 이번 엄마와의 하룻밤은 남편과 자식들에게서 벗어나 둘만의 소중한 시간을 보낼 절호의 기회다.

친정집에 엄마를 뵈러 간다는 생각에 마음이 분주하다. 마트에 들러 엄마가 좋아하는 물건을 사다 보니 양손에 짐이 가득하다. 친정으로 가는 버스를 기다리는 이 순간이 지루하게 느껴지지 않는다. 버스에서 내려 십여 분을 걷다 보니 어느새 내가 나고 자란 고향 집이 보인다. 숨을 들이마실 때마다 고향의 공기가 따사롭게 마음을 적신다. 엄마가 계신 동네에 한 발을 내디뎠다. 엄마가 기다리고 있는 대문에 다다르자, 아지랑이 피어나듯 그때의 풍경들이 펼쳐졌다.

어릴 적, 가을걷이가 끝나고 타작하는 날이면 벼를 터는 탈곡기 소리가 새벽 공기를 가르며 마을로 퍼져 나갔다. 해 질 무렵, 마당에는 수북하게 벼가 쌓였다. 엄마가 물 묻은 손을 행주치마에 닦으며 부엌에서 나오셨다. 산봉우리처럼 가득한 벼를 보시며 뿌듯한 표정을 짓곤 했다. 먼지를 가득 뒤집어쓴 아버지가 수건으로 몸을 툭툭 털며 아저씨들과 함께 마루 위로 올라앉으셨다. 벼 타작을 하는 날이라 그랬는지 상다리가 휘어질 만큼 잘 차려진 밥상에는 맛있는 음식으로 가득했다. 뉘 집은 올 농사가 잘돼 소출이 많았다는 둥 아버지는 아저씨들과 이야기꽃을 피우며 식사하곤 했다. 그 옆에 나도 끼어 앉아 밥을 먹었다. 먼저 타작한 이웃집에서 햅쌀을 꿔다 가새로 지은 밥이라 더 맛있었다. 가을이면 마당 끝 뒷간 지붕 위에 하얀 박꽃이 피었다. 단단하게 여문 커다란 박들이 지붕에 올라앉아 있었다. 마치 가을밤에 고샅길을 밝혀주는 둥근 달처럼 빛나고 있었다.

대문을 열고 들어서자 엄마는 동그마니 마루에 앉아 대문 쪽만 바라보고 계셨다. 아마도 딸이 온다는 것을 미리 알고 계셨던 것 같았다. 아침 일찍 노인 돌봄 센터에 가셨다가 오후 4시면 집으로 돌아오시는데 마침 막 도착한 모양이다. 규칙적인 생활을 하고 계시는 엄마는, 100세를 넘기셨다. 몇 년 전 고관절 수술을 하신 뒤론 거동이 불편했지만 그래도 비교적 건강하신 편이다. 고향 집에서 풍기는 익숙한 냄새에 평온함이 스며들었다. 거실에 요를 깔고 엄마와 나란히 누웠다. 엄마가 거동하기 불편하다는 게 새삼스럽다. 몇 년 전까지만 해도 엄마는 아침부터 저녁까지 밭에 나가 채소를 거두고, 가을이면 뒷산에 올라 밤이나 도토리를 주우러 다니셨다. 틈나는 대로 노인정에 앉아서 엄마보다 한참이나 아래인 할머니들과 민화투도 치곤 하셨다. 그때만 해도 어찌나 셈에 밝았는지 다들 엄마한테 와서 얼마를 따고 잃었는지를 물었다고 했다. 그 얘기를 말하는 대목에선 엄마 목소리에 힘이 실리곤 했다.

　하룻밤, 엄마를 위해 무엇을 할 수 있을지 생각한다. 8남매의 맏이로 태어난 엄마는, 요즘도 이모와 외삼촌의 안부를 묻기도 하며 보고 싶다고도 한다. 그런 엄마를 위해 이모와 외삼촌에게 나는 순서대로 전화 연결을 해드린다. 두 분의 나이도 어느덧 80줄에 접어들었지만, 엄마 눈에는 아직 어린 동생들이다. 통화하는 엄마의 목소리에 애정과 생기가 넘친다. 엄마는 외할아버지 외할머니에 대한 섭섭함을 이야기하는 횟수가 늘어갔다. 어린 시절, 동생과 함께 놀다가 마루에서 동생이 떨어진 일이 있었다. 외할머니는 맏이인 엄마한테 동생을 잘 돌보지 못했다며 부엌에서 부지깽이를 들고 쫓아 나오셨다고 했다. 매가 무서워서 줄행랑치다가 웅덩이에 빠질 뻔한 이야기를 할 때면, 지금도 억울함에 못 이겨 격앙된 모습이다. 하지만 엄마의 조부모님은 첫 손녀에 대한 사랑이 극진했던 모양이다. 장날이면 금박으로 된 댕기나 박하분을 사다 준 이야기며 늘 엄마를 감싸주던 두 분이 생각난다며 눈가가 촉촉해지곤 했다. 나는 수십 번도 더 들었던 이야기를 마치 처음 듣는 것처럼 꼬치꼬치 엄마한테 되레 묻기도 한다. 그리하는 것은 엄마 머릿속에 온전하게 추억이 남아 있기를 바라는 마음이다.

훈훈한 어린 시절의 이야기가 파장할 때면 그다음은 엄마의 고단한 시집살이 이야기로 넘어간다. 홀시아버지와 대여섯 살 난 고만고만한 시동생, 시누이들을 키워 시집 장가까지 보냈다는 이야기할 때면 엄마의 목소리가 한 옥타브 올라간다. 나는 엄마가 할아버지에 대한 흉을 볼 때면 그 이야기가 듣기 싫어 엄마의 넋두리를 끊기도 한다. 엄마는 불같은 성격이지만 정이 많고 마음이 여려서 금방 부드러워지곤 한다. 아버지와 다투고도 며칠씩 말을 안 하고 지낼 때가 있었다. 어린 나는 아버지와 엄마가 영영 말을 안 할까 봐 걱정되어 십 리나 떨어진 외갓집까지 걸어가서 큰외삼촌을 모셔 오곤 했다. 외삼촌은 알겠다며 나를 도닥거리며 너털웃음으로 우리 집에 들어서곤 했다. 엄마는 못 이기는 척 술상을 내오고 외삼촌은 두 분이 화해할 수 있도록 특유의 구수한 언변으로 분위기를 돋우다 보면 우리 집은 다시 웃음소리가 넘쳐 나곤 했다.

한겨울에 엄마는 학교에 가는 손주들이 찬물에 세수하는 게 안쓰러워 노심초사했었다. 그럴 때면 수건을 더운물에 담갔다가 얼굴을 닦아주기도 했다. 엄마의 사랑을 먹고 자란 손주들이 다 독립했다.

이영희　159

이젠 엄마의 온기를 넣을, 당신 손길을 필요치 않다는 것에 그리워하면서도 한편으론 외로우셨을 거다. 어릴 때부터 들어오던 이야기와 엄마의 숨결과 체온이 주는 편안함 때문인지 졸음이 밀려왔다.

  나는 언제 죽느냐, 왜 이렇게 오래 사는 거냐는 엄마의 푸념이 귓가에 어렴풋이 들린다. "네가 집에 왔는데 내가 없으면 슬프겠지?"라며 중얼거리는 목소리도 이어졌다. "엄마는 엄마가 보고 싶다며 엄마-하고 불러보고 싶어." 혼자 외할머니를 그리워하며 되뇌는 소리가 귓결에 들린다. '오래오래 사세요. 엄마가 사랑하는 딸이 슬프지 않게.' 하는 생각으로 나는 온전히 잠에 들었다.

  11월 늦가을, 엄마와의 하룻밤은 그렇게 지나가고 있었다.

제4부

이차순 조미남 조옥자
최순자 최연실 황정희

아니 이럴 수가 외 1편

이 차 순
leecs0823@daum.net

　오후 2시쯤, 청량리행 시내버스를 탔다. 젊은 남녀 네댓 명이 서 있는 옆에 빈자리가 하나 보였다. 나는 주위에 사람들을 다시 살펴보았다. 그 자리는 임산부의 배려석인 터라 앉을만한 사람은 없었다. 마침, 잘됐다 싶은 생각에 내가 앉기는 했으나 조금 미안한 마음도 들었다.
　지금은 정부에서 아기 출산을 권장하고 신생아를 위해 많은 혜택을 지원한다는데도 어디서고 임산부 보기가 하늘에 별을 보기만큼이나 어려워졌다. 버스는 광화문을 지나 종로를 통과해 제기동까지 달려왔건만 그동안 젊은 주부나 어린아이는 한 명도 볼 수가 없었다. 그럼에도 임신부가 앉아야 할 자리에 나 같은 할미가 앉아 있자니 민망스럽기도 하고 나라의 장래를 생각하면 조금도 기뻐할 일은 아니었다.

오랜만에 찾아간 경동시장은 여전히 많은 사람이 붐볐고 상인들의 호객 소리에 활기가 넘쳤다. 이곳을 찾은 사람들도 대개가 중년의 주부거나 아저씨들이지만 내 나이쯤 돼 보이는 할머니도 많았다. 그들은 작은 손수레를 끌거나 배낭을 메고 와서 물건을 고르고 사느라 바삐 움직였다. 나도 상점 몇 집을 기웃거리다가 단골 약재
藥材상부터 찾았다. 필요한 약재와 인삼을 산후 싱싱하고 때깔이 좋은 수삼을 구입하고 나니 내 마음이 흡족했다. 각종 과일과 봄나물을 파는 노점에서 이것저것 구경하며 지나다 보니 몇 가지를 더 사게 되어 시장 가방이 제법 묵직해졌지만, 전철역이 바로 코앞이라 지하 승강장으로 내려갔다. 승강장에는 나처럼 시장을 다녀가는 길인 듯 대부분의 남녀 노인 손에도 크고 작은 짐이 들려있었다.

  동네 마트에서도 구할 수 있건만 이처럼 노인들이 재래시장을 찾는 이유는 물건이 다양하고 값이 저렴한 것도 있지만, 상인들의 후한 인심 때문일 것이다. 또한 시장에 나오는 노인들은 시간도 있고 건강에 별문제가 없기 때문에 이렇게 나왔다. 생각하니 그들도 시장에 나와 좋은 물건을 직접 보고 골라 살 수 있다는 것에 행복해 보였다. 나도 시장에 오길 잘했다는 생각에 만족해하며 가방은 무거워져도 발걸음은 가벼웠다.

  시청역에서 2호선을 갈아탈 때는 환승 통로가 길어서 손에 든 짐이 무겁게 느껴졌으나 생각보다는 승객이 많지 않았다. 그래도 나는 경로석 위치를 찾아서 4번 문 앞에 서 있었다. 전철이 도착하자 차 안의 경로석에 빈자리가 하나 보였다. 나는 그 자리를 보고 얼른 다가갔으나 '아니 이럴 수가' 나보다 훨씬 젊고 발 빠른 여인이 그

이차순

자리를 냉큼 차지하는 게 아닌가! 그녀는 짐도 없고 내 짐작엔 이제 육십 대 초반으로 보였으나 그녀는 마치 '나도 당당하게 경로우대를 받을 나이요'란 듯, 칠팔십 대 노인들 사이에 앉아 핸드폰만 보았다. 옆에 앉아 있던 남자 노인은 그녀와 나를 번갈아 보더니 나이 많은 내가 딱해 보였는지 당신 자리를 내게 양보하며 앉으라고 하였지만 나는 사양했다. 남자 노인과 나 사이에 이런 말이 오가는데도 그녀는 전혀 못 들은 척하고 핸드폰만을 들여다보고 있었다. '세상에 이런 얌체가 있나? 하지만 무임승차를 한 처지에 경로석까지 차지하려는 내가 더 '염치없는 노인이지' 하고 내 자신을 탓하고 말았지만, 그녀에겐 따끔하게 한마디 해주고 싶었다. '당신도 더 늙어보시오. 경로석을 이용하는 노인의 심정, 또 배려에 대한 고마움을 알게 될 거요' 이 말이 내 입안에서 뱅뱅 돌았지만 참았다. 먼저 늙은 게 서러울 뿐이지 젊은 노인이 나이 더 많은 노인을 모르세 한다고 어찌 그녀를 탓하리오.

  내 집에도 승용차가 있지만 나는 종종 시내버스나 전철을 이용한다. 그런 때 보면 분홍그림이 그려진 임신부의 좌석은 비어 있을 때가 많고 경로석은 언제나 만원이었다. 나는 될 수 있으면 경로석을 양보해 왔으나 어떤 노인들은 일반좌석도 당연한 듯 차지할 때 보면 내가 더 민망했다. 그러나 인간의 수명이 길어지므로 자연스럽게 노인이 늘어나는 현실, 노인이라고 집에만 갇혀있을 수 없고 대중교통을 이용하는 노인인구는 늘어만 간다. 경로석의 부족함을 어떻게 해결할지, 그래도 부족한 경로석이나마 이용할 수 있게 배려해 준 사회에 감사할 따름이다.

나도 팔순을 넘으니 어쩔 수 없이 때로는 경로석을 마음에 두지만, 그래도 경로석은 나이보다 꼭 필요한 노약자에게 양보하는 게 마땅하다고 생각한다. 가까운 이웃 나라 대만에는 '경로석' 아닌 박애석博愛席이 있다고 한다. 이 말은 서로 사랑을 베푸는 좌석이란 의미리라. 사람들은 받는 기쁨보다 주는 기쁨이 더 크다고 한다. 남을 배려하는 모습은 주위 사람이 봐도 흐뭇하고 기쁨을 안겨준다. 우리나라도 사회가 더 아름답고 따뜻해지기 위해서는 노약자 모두가 보호받을 수 있는 나라가 되고 그런 날이 오기를 기대해 본다.

이차순

어머나, 앞치마에서

　내게 필요하면 눈에 보인다더니 요즈음 내 눈엔 예쁜 앞치마가 자주 보였다. 값을 알아보니 평범한 건 오천 원 주고도 사는 데 내 마음에 드는 건 2만 원에서 3만 원은 줘야 했다. 예전 같으면 천을 떠다 만들고 친구에게 선물도 했으련만 그렇다고 곧 만들지 못해도 다음에 사기로 했다.
　며칠 후 남대문시장엘 가게 되었다. 가끔 찾던 상가에서 여행용품을 몇 가지 사다 보니 매장주인인 그녀의 앞치마가 내 맘에 들었다. "언니 앞치마가 예쁘네요." 어디서 샀는지 하나 사고 싶다 했더니 그녀는 "저 이거 어제 입었는데 사모님 드릴까요?" 한다. 나는 깜짝 놀라며 사양했지만, 그녀는 하나 또 있다면서 얼른 벗어 접더니 비닐봉지에 담아 내 쇼핑백에 넣어주었다. 나는 엉겁결에 받고서 에프론 값을 치르겠다고 했지만, 그녀는 "예쁘게만 입어 주세요." 했다. 실은 내가 입으려는 게 아니라 며느리가 왔을 때를 생각해서 예쁜 앞치마 하나를 사려던 참이었는데, 그러면 내가 이 모양대로 하나 만들고 난 후 곧 돌려줄게요. 하고 받아 왔지만, 세상에 이렇게 착한 사람도 있나? 몇 해째 거래는 해왔지만 그녀의 마음이 참 고마웠다.

 5일째 되던 날, 나는 세탁기를 사용하려고 베란다로 나갔다. 드럼세탁기 문을 열자, 앞치마가 들어 있는 비닐봉지가 있었다. 아 그래, '이것도 빨아야지' 하며 앞치마를 꺼내서 폈다. 모양이 간단해 우선 눈으로 그려봤다. 앞뒤 원형을 놓고 블라우스보다는 15cm 정도 길게, 목과 어깨 암홀을 대담하게 파주면 시원한 조끼 모양이면서 앞치마가 되는 거다. 집에 있는 예쁜 옥스퍼드 천으로 만들 생각이라 완성된 앞치마를 상상했다. 목과 어깨선은 바이어스로 돌리고 뒤로 단추 하나 달고 허리는 같은 천으로 끈을 달아 뒤로 묶어주면 앞치마는 완성되는 것이다. 중앙에 큼직한 주머니가 쓸모 있게 보여 손을 넣어봤다. 이건 뭐지? 어머나! 누런 오만 원권 지폐 두 장이 들어 있었다. '내가 이걸 모르고 그냥 있었네, 그 언니도 모르고 줬겠지? 알았다면 내 전화를 얼마나 기다렸을까.' 곧바로 이 사실을 전화로 알려주고 계좌를 물어 돈을 보내야지 했다가 '아니야' 이 돈은 본인을 만나서 직접 줘야 한다는 생각이 들었다.

 다음 날 정오에는 우리 형제들이 사당동에서 만나기로 약속이 돼 있기 때문에 나는 좀 일찍 나가며 그녀에게 문자를 보냈다. "내가 지금 가게로 가는데, 언니도 나와 있겠죠?" 도착할 때까지 회신은 없었지만, 그길로 찾아갔다. 그녀는 상품을 정리하느라 한 참 바빴다. 나를 보자 반갑게 맞으며 "사모님이 오늘은 일찍 나오셨네요. 뭐가 또 필요하세요?" 물을 때, 나는 이런 생각을 했다. '젊은 주부가 이렇게 애쓰고 번 돈인데' 이 돈을 모르고 있는 거 같아 더 딱한 마음이 들었다. 가게엔 직원 아가씨도 한 명 있기 때문에 그녀를 살짝 밖으로 불러내었다. 앞치마를 꺼내 보이며 언니 이거 생각나죠? "여기 돈이 들어있어요." 하자 그녀는 전혀 몰랐다가 이때야 생각이 난 듯 "어머나! 참"하더니 내게 허리를 깊게 굽혀 절하며 무척이나 고마워했다. 진정 고마워할 사람은 나였는데, 그녀야말로 시장에 나와 장사할망정 얼굴도 예쁘지만, 심성도 곱고 착한 사람이라는 걸 알게 했다.

　이 세상을 하느님과 부처님께서 지켜주고, 도와주신다면 하루 종일 볕도 못 보는 지하상가에서 미래의 꿈을 키우며 생계를 이어가는 사람들, 자기의 직장인 가게를 지키며 찾아 줄 손님들만을 바라고 있을 그녀에게 더 많은 고객을 모아주시고 "그녀의 건강과 사업에 더 큰 축복 내려 주시옵길" 기도했다. 한동안은 이 일이 내 머리에서 떠나지 않았다. 그녀도 지금은 내 음성만 들어도 반가워하며 가끔 내게 문자로 안부를 묻기도 하지만 나도 가끔 그녀가 생각날 때면 나도 모르게 그녀를 위해 기도하곤 한다.

그리운 봄 외 1편

조 미 남
chomn63@naver.com

　봄이 오는 소리를 들었다.
　산길을 걸으며 귀를 기울이면 개울 물소리가 들린다. 겨우내 웅크리고 있던 대지가 얼음을 토해낸다. 겨울 진통 속에서 움켜쥐고 있던 엉킨 뿌리들을 놓아주면 그제야 나무줄기로 물이 오른다.
　봄이 되면 고향에 다녀오고 싶어진다. 고향 산에 핀 노란 산수유나 붉은 진달래가 그리웠다. 고향 집은 언제가도 적막했다. 현관문을 열고 들어가면 방 곳곳마다 말라 버린 곤충 사체들이 널려 있었다. 그동안 다녀간 사람은 없었다고 무언으로 속삭이는 듯하다. 고향 집은 세월에 퇴색되고 조금씩 기울고 있었다. 새로 집을 지었을 때만 해도 전망 좋은 곳에 대리석 건물은 꽤 괜찮았다. 하지만 노쇠해지는 아버지를 뵐 때마다 고향 집도 점점 그렇게 나이를 먹고 있다는 생각이 들곤 했다.

집에 들어서자마자 벽에 걸린 사진틀을 닦으며 청소를 한다. 빛바랜 흑백사진 속에 그리운 가족과 함께 아주 어린 내가 나를 쳐다보고 있다. 희미한 기억의 편린들을 담아서 나만의 그리움 상자에 넣는다.

봄이 오면 할머니는 산으로 나가셨다. 딱히 색다른 놀거리가 없던 나는, 할머니를 따라다니며 심심함을 달랬다. 할머니는 삭정이를 꺾고 썩은 등걸을 뽑아다 땔감으로 썼다. 나는 나뭇더미 옆에 쭈그리고 앉아 물오른 솔가지 껍질을 벗기기도, 씹기도 하면서 향긋한 봄 내음에 취했다. 산에는 모락모락 피어오른 봄기운이 가득차있었다. 아담한 산등성이를 보며 아물거리는 아지랑이와 함께 봄기운을 몸 가득히 들이마셨다.

학교에서 일찍 오는 날이면 나는 고샅길을 따라 들로 나갔다. 앙증맞은 소쿠리에 호미를 넣고 나물을 캐러 다녔다. 그때 나는 늘 성희와 함께였다. 성희네 집은 꽤 멀리 있었다. 어린 내게는 마을길이 멀게 느껴져서 좀 더 가까운 뒷산 길을 따라 성희네 집에 가곤 했다. 뒷동산으로 한참을 오르다 다시 내리막길에 들어서면 처음으로 맞닥뜨린 곳이 성희네 집이었다. 성희와 나물 캐러 다니면서 그녀의 동네며, 처음 가는 주변 산과 들의 지명을 익히곤 했다. 저 집은 누구네 집, 저 동네는 누가 사는 동네. 둑막이, 더리미, 한죽꼴, 영뜰, 봉화산….

날씨가 좀 따뜻해지면 냉이가 온 땅에서 돋았다. 하지만 진짜 냉이의 참맛은 언 땅을 뚫고 올라온 것이라야 달짝지근하고도 짙은 향기가 통통한 뿌리에 배어 있다. 밭두둑이나 동산의 풀숲에서 가끔 달래를 만날 때면 횡재한 기분이었다. 알싸한 달래 뿌리를 상하지 않게 캐려고 손놀림에 무척 애를 썼다. 그렇게 여기저기 밭을 헤매고 다녀도 바구니가 가벼우면 질퍽한 논두렁을 따라 신발에 흙덩이를 잔뜩 묻혀가며 논 웅덩이로 가곤 했다. 그곳에는 내 손바닥처럼 생긴 돌미나리가 널려 있었다. 그 시절엔 손이 거칠고 시려도, 손톱에 새까만 때가 끼어도 아랑곳하지 않았다. 오롯이 나물 뜯는 재미에 흠뻑 빠졌었다. 미나리도 내게는 그때가 한철, 추위가 다 가시지 않은 봄뿐이었다

마트에서 나물을 산다. 봄나물은 살짝 데쳐서 쌈장에 매실액과 들기름, 파, 마늘, 깨소금을 조금 넣고 무치면 어떤 나물이라도 다 맛있다. 주방에서 은은한 봄나물 향이 퍼지면 그때마다 고향의 나물이 생각난다. 농로와 농지가 정비 된 지금, 아직도 그 밭이며 웅덩이는 그대로 있을까. 그땐 논바닥에 우렁이와 미꾸라지도 많이 기어 다녔었는데 말이다.

빛바랜 사진 속 할머니, 아버지, 어머니, 고모들, 삼촌들, 그분들에게는 고향의 봄이 어떤 추억으로 남아 있었을까.

병원에서 지내셨던 아버지가 돌아가시기 전에 고향을 한번 둘러보고 싶다고 하셨다. 아버지가 아련하고 희미한 기억으로 그토록 그리워하셨던 것은 무엇이었을까.

나무에 물이 오를 때 아버지의 유골함을 조부모님 산소 아래 참나무 밑에 묻어 드렸다. 그 산에는 노란 산수유와 분홍 진달래가 활짝 피었다.

조미남

동백꽃 점순이

 김유정 문학관을 다녀왔다. 지난겨울, 춘천에 다녀오면서 노란 산동백이 한창일 때 꼭 실레마을에 다녀와야겠다고 생각했었다. 학창 시절에는 덤덤하게만 느껴졌던 <동백꽃>의 점순이가 마치 눈앞에서 아른거리며 나를 미소 짓게 만든다. 생각하면 할수록 점순이가 대견하고 귀엽기만 하다.
 마음에 여유가 생긴 세 명의 친구와 청춘열차에 몸을 실었다. 오랜만에 하는 나들이라고 설렘에 들떴는지 간식거리를 준비해 왔다. 열차의 접이식 상을 펴고 가지고 온 음식을 꺼냈다. 호두과자, 삶은 달걀, 방울토마토, 견과류와 커피를 나눠 마시면서 두런두런 수다를 떨다 보니 기차는 어느새 가평역에 도착했다. 열차에 내려 이내 환승하곤 김유정역에 내렸다. 그곳엔 노란 꽃무덤을 이룬 생강나무가 하늘을 향해 가지를 높게 뻗어 그 자태가 위엄을 풍겼다. 생강나무가 느티나무처럼 그렇게 크게 자란다는 게 무척 놀라웠다.

<동백꽃> 소설이 발표된 지도 벌써 90여 년이 지났으니 글 속의 주인공이 노닐던 그곳의 동백나무라면 저렇게 자랐을 수도 있겠다고 생각했다. 이곳 실레마을의 사람들은 생강나무를 동백이라고 했다.

이런저런 추억을 떠올리며 김유정 문학촌을 둘러보았다. 소설 내용의 인상적인 장면을 동상으로 꾸며 놓은 곳을 두루두루 보면서 친구들과 학창 시절을 더듬으며 기억나는 이야기를 서로 나누었다. 수탉들을 싸움 붙이는 점순이를 마주한 주인공 '나'의 수탉을 잡고 앉아본다. 수탉싸움을 애정 어린 눈으로 쳐다보는 김유정 동상처럼 나도 그 옆에 앉아서 지그시 쳐다보며 포즈를 하고 사진을 찍기도 했다.

친구 중에 자칭 은수저라고 말하는 친구가 뭔 생각으로 그랬는지 본인이 그 시기에 태어났더라면 어떠했겠냐고 물어 왔다. 다들 왜? 하필 굳이 수난의 일제강점기냐고 물었더니, 그녀는 독립운동가에게 독립 자금을 대 주는 여인처럼 살고 싶다고 대답했다. 그녀는 평소에도 남에게 베푸는 게 익숙했던 터라 그녀의 대답처럼 그리 살고도 남을만했다. 만약 그 시대에 나라면 어쨌을까. "나도 시골 마을에서 계몽 운동이나 하는 야학교 선생님으로 살지 않았을까." 라고 했더니 다들 웃으며 잘 어울린다고 했다. 다들 점순이가 생각나서였을까. 또 다른 친구가 홀로 사는 친구에게 물었다. 누군가를 깊이 사랑해 본 적은 있었냐고 짓궂게 말이다. 나는 그 말을 듣는 순간 심장에서 '쿵' 했다. 혹여 아픈 상처를 건드린 게 아닐까 싶었다.

하지만 친구는 좋아하는 사람은 있었다며 담백하게 웃었다. 물어본 친구의 순수한 마음을 읽은 모양이다. 그녀의 대답에 우리는 서로서로 쳐다보며 웃었다.

누군가를 좋아하는 마음을 갖고 있다고 하더라도 우리 중에는 <동백꽃>의 점순이처럼 솔직하게 감정을 드러낼 만한 용기를 가진 친구는 없지 싶다. 모두 감정보단 이성적인 면이 강한 친구들인 것을 서로는 너무나도 잘 알고 있다. 집안의 전통과 시대적 윤리에 강력하게 저항할 성품도 아니다. 그러기에 머슴이나 소작인 아들이 아무리 잘 났어도 눈도 안 돌렸을 것 같다. 자신을 양반가 규수쯤이라고 생각하며 소설 속 귀족 여성과 동일시하며 자라지 않았을까.

김유정의 소설을 읽으면서 상상치도 못한 여성들을 만났다. 몸 판 값으로 생활 물품이면 다 좋다던 들병장수 계숙이, 들병이에게 홀딱 빠져서 집에 남은 것이라곤 솥단지뿐인 것을, 그것마저 뜯어내서 도망치려는 남편과 함께 살아온 <솥>의 근식이 처. 병든 남편을 살리려고 덕돌이와 사기 결혼한 후, 그의 겨울 겹옷을 훔쳐 도망친 <산골 나그네>. 몸을 팔아서라도 노름밑천을 해내라고 폭력을 가하는 남편 말에 따라 비참하게 몸을 파는 <소낙비>의 춘호 처. 소설 속에 등장하는 여인들은 모두가 가난하고 참담하며 돌파구가 안 보이는 신세다. 그러나 그 시대에도 <동백꽃>의 귀여운 점순이가 있었다. 언감생심, 마름 집 딸을 넘봤다가 소작을 잃고 쫓겨나지는 않을까 늘 외면하는 '나'의 소심한 태도에 속상해하지만 결국 점순이는 상대가 넘볼 수 없는 벽을 스스로 부숴버린다. 그리고 꿈을 꾸게 해 준다.

막국수와 감자전, 총 떡, 메밀차로 맛나게 점심을 먹고 레일바이크를 탔다. 강변을 따라 펼쳐진 레일 주변엔 진달래와 제비꽃, 하얀 돌단풍꽃, 노란 나도냉이꽃, 민들레가 지천이다. 이 들꽃들은 우리의 할머니와 어머니 모습 같다. 여린 몸으로 혹독한 수난의 시대를 견디며 살아오신 거칠지만 따뜻한 얼굴들.

중간 휴게소에 내려서 흐르는 강물을 묵묵히 쳐다보며 가쁜 숨을 진정시킨다. 이내 우리는 '낭만 열차'로 갈아탔다. 지붕덮개가 하늘인 열차는 우리에게 현실을 보라는 듯했다. 강변을 쳐다보며 강촌까지 왔는데도 점순이가 따라왔다. 당차고 똘똘하며 솔직하면서도 자유스러운 현대판 점순이가 그려진다. 또 감정에 충실하지 못했던 내 어린 시절이 아쉽고 그립다.

소설처럼 동백꽃의 알싸한 그 내음은 못 느꼈다. 그러나 봄마다 산 동백을 볼 때면, "겁을 잔뜩 집어먹고 동백꽃 밑을 살금살금 기어 내려가는 점순이와 엉금엉금 산으로 기어 올라가며 치빼는" 주인공이 늘 떠오를 것만 같다.

조미남

마포댁들 외 1편

조 옥 자
jo1125@hanmail.net

"까톡 까톡." 이른 아침부터 카톡 소리가 경쾌하게 울려 퍼진다. 마포댁들이 아침을 여는 소리다.

십수 년 동안 암 투병 끝에 남편은 떠났다. 떠나기 사나흘 전에 "커피나 한잔 타 와요."하곤 그이가 차탁을 끌어당겼다. 차를 한 잔 앞에다 놓고 남편은 그동안 못했던 얘기들을 길게 했다. 심지어 평생 하지 않던 미안하다고 고생했다는 말을 하며 어깨를 토닥였다. 많은 이야기를 나눈 것 같은데도 내게 남긴 말 중에 "내가 떠나면 외롭게 있지 말고 애들 옆으로 가."이말 만 또렷하게 기억한다. 나는 괜스레 쓸데없는 말 하지 말고 더도 말고 칠십은 넘기고 죽으라며 농담을 진담처럼 했었다. 하지만 그 말이 유언으로 되었는지 사흘 후에 남편은 세상을 등졌다. 그리고 나는 혼자가 됐다. 남편의 말

때문이기도 했지만, 외로운 것은 차치하고라도 아무것도 손에 잡히지 않았다. 그이가 없는 집은 왜 그리도 크고 휑한지 어스름해지는 저녁이 찾아오면 집안에 공기는 달랐다. 남편의 방문을 지나칠 때면 벌써 몸에 한기가 내려앉았다. 자식들과 의논해서 집을 정리하기로 했다.

이사 준비를 하다 보니 집에는 남편이 좋아하는 술병만큼이나 기르던 화분들이 많았다. 몇 개만 챙기곤 동네 친구들에게 나눠주었다. 암 환자를 돌본다고 사용했던 대형 냉장고들을 버리려고 했는데 마침 고맙게도 여관 하는 친구가 필요하단다. 그래서 실어 보냈다. 단독에서 산 40년 세월을 정리라는 게 어디 쉬운 일인가. 손때 묵은 살림을 버린다는 게 말이다. 그래도 이참에 마음도 물건도 정리하고 아파트를 보러 다녔다.

여의도에 사는 아들 옆으로 갈까 하다가도 내 생각만 하는 것 같아 좀 떨어진 곳으로 발길을 옮겼다. 그래도 몸이 멀어지면 자연스레 마음도 멀어질 것 같아 삼십 분 안에 오갈 수 있는 곳으로 정하기로 했다. 오작교 같은 다리 하나를 아들과 나 사이에 놓고, 나는 마포에다 자리를 잡기로 했다. 전철역이 코앞이라 교통은 편리했고, 아담하게 생긴 조그마한 뒷산이 위치하고 있으니 산책하기에는 안성맞춤이었다. 산자락에는 내가 좋아하는 사찰도 자리하고 있는데 산 밑의 작은 아파트가 눈에 들어왔다. 그렇게 나는 용산을 떠나 마포로 입성했다.

케케묵은 그릇이며 살림살이를 다 버리고 이참에 새롭게 장롱도 붙박이로, 가전제품도 새 상품으로 바꿨지만, 이사 온 아파트는 생소하고 답답했다. 내가 살았던 동네는 구획정리가 안 된 곳이었다. 재개발이 안 됐기에 시골 동네처럼 대문만 나서면 모두 다 아는 얼굴이었다. 별식을 하는 날에는 오순도순 모여서 먹기도 했고, 경조사는 물론 뉘 집에 숟가락 몇 개 있는 것까지도 셀 정도로 정을 나누고 살았었다. 재래시장도 가까이에 있었다. 해거름이 질 때면 반찬거리를 아웃과 같이 사러 다니기도 했었다. 시장에서 장사하는 분들도 이웃이었기에 가까웠다. 그리 살다 아파트에 와서 보니 여간 답답한 게 아니었다. 우선 내가 선호하는 재래시장이 없었다. 대형마트만 있어 소소하게 장 보던 재미를 잃었다. 막상 엘리베이터 안에서 만난 이웃에게 인사를 건네도 고개만 까딱할 뿐 곁을 주지 않았다. 나는 낯선 환경이 나를 더 외롭게 만들고 있었다. 되레 떠난 남편을 잊으려고 바꾼 환경에 남편을 들이는 날이 많아졌다.

 그렇게 낯선 타향 같은 그곳에 동창인 고향 친구들이 살고 있었다. 버스로 한 정거장 정도 되는 곳에 한 명. 전철로 두 정거장이나 떨어진 곳에 사는 친구, 망원동에 있는 재래시장 근처에 사는 친구, 한강 건너에 한 명 그리고 청량리에 살다가 내가 사는 마포에서 사는 친구다. 마포에서 사는 친구는 늙어갈 무렵에 소일거리 하고 싶다며 파주에서 밭농사를 짓고 있다.
 그 친구들하고는 수십 년을 동창회에서나 얼굴 보는 게 전부였었다. 그런 내가 그들 속에 들어가 자리를 잡은 것이다. 소원하게 지낸 세월은 제쳐두었다. 내가 먼저 임의로운 고향 친구들을 찾아다니면서 안부를 물었고, 그리 보내면서 새로운 곳에 정을 붙였다. 한 발

한 발 마포에 정을 들이면서 그 애들과 친교의 시간을 가졌다. 우리는 자주 만났다. 밥 먹고 나면, 티타임을 가졌고 부러 우리의 아지트로 내 집에 들이기도 했다. 나는 남편을 보낸 외로운 마음을 친구들과 공유했다.

어느 날은 노래방에서 맥주 한잔을 마시고 남편이 보고 싶다며 엉엉 친구의 품에 안겨 울기도 했다. 그러면서 나는 조금씩 안정을 찾게 된 건, 순전히 고향에서 자란 일곱 명의 친구 덕이다. 드디어 그 친구들이 모여 칠 공주 모임을 만들기에 이르렀다. 국내외 여행도 같이 다니고, 영화와 연극은 물론 뮤지컬도 보고 방송국 나들이도 하며 전반적인 문화생활을 같이 하고 있다.

어느 해인가 미국으로 이민 간 친구가 한국에 왔을 때다. 내 집에서 머물며 밤새워 놀았던 적이 있었다. 그때 찍은 사진들을 동창회 단톡방에 올렸는데 그것을 보고 남자 동창들 입에서 "어이~ 마포댁들, 즐겁게 살고 있구먼." 그렇게 싱거운 말로 인사했던 게 계기가 되어 우리는 마포댁들이 됐다.

이젠 마포가 좋다.

새벽에 운동하러 한강을 걷고 있다 보면 맞은편에서 "옥자야"하고 부르는 친구가 있다. 그래서 나는 좋다. 함께 온 친구들과 따스운 커피 한 잔 마시면서 "우리 이숙이 불러서 밥 먹자." 한다. 그럼, 이숙이가 쪼르르 달려 나온다. 그렇게 우리는 아침을 콩나물국밥으로 시작할 때도 있다. 봄엔 냉이 캐고, 여름엔 호박, 고추, 토마토 따고, 가을엔 바스락 바스락 낙엽을 밟는다. 그리곤 겨울에는 감기 걸린다며 따습게 챙겨 입고 다니라고 잔소리하는 친구가 있어 나는 좋다. 아침 일찍 깨톡 소리로 소식을 전하는 마포 댁들이 있어 나는 행복하다.

　마포댁들! 우리 오래도록 건강하게 살자꾸나. 고맙다. 친구들아!

어머니의 꽃상여

"엄마 돌아가셨다."

힘없는 오라버니의 목소리가 전화기 너머에서 들린다. 나는 "네." 짧게 대답하며 남편에게 물 한 그릇을 떠 오라고 부탁한다. 남편이 "언제 돌아가셨냐?"며 묻는다. 그리곤 깨끗한 물을 주발에 담아 쟁반에 받쳐 들고 왔다. 그때야 남편에게 "지금요."라고 대답하곤 조용히 현관문 앞에 내려놓곤 엄마가 계신 곳을 향해 절을 올렸다. 내 뒤에 말없이 서 있는 남편에게 "여보! 준비하세요. 출발하게요." 하고 말하니 방으로 들어간 남편이 주섬주섬 가방을 꾸려 나왔다.

오랫동안 병석에 계셨던 터라 나는 마음의 준비를 하고 있었다. 복받쳐 오른 슬픔을 잠시 누르고 엄마께 마지막 인사를 할 수 있었다. 편찮으실 때도 자식들에게 추한 모습을 안 보이시려 애쓰곤 하셨다. 그러던 엄마다. 언제부턴가 어머니는 거동이 불편하게 되자 화장실 출입하는 것도 힘에 겨워했다. 그 수발을 오라버니가 묵묵히 잘도 해내고 있었다. 조석을 거의 거르던 엄마는 앙상한 모습으로 당신 방에서 운명하셨다. 임종을 보지 못한 자식들을 위해 죽은 혼이 자식의 집을 들렀다가 간다는 어른들의 말씀을 명심하고 있던 나는, 물 한 그릇으로 엄마의 마지막 가는 길을 마음으로나 같이하고 싶었다. 서둘러 친정인 용문으로 향해 차에 올랐다.

  남편이 차에 시동을 걸자 침착하려 했던 내 마음은 오열로 변했다. 남편은 서럽게 흐느껴 우는 나를 지켜보며 친정집으로 가는 내내 말이 없었다. 친정에 도착하자마자 방으로 뛰어 들어가 엄마를 모신 병풍을 밀어젖히며 "엄마" 하며 목 놓아 불렀다. 엄마가 자고 계신 듯 눈을 감고 계신 얼굴을 뵈니, 그 깊던 주름은 다 사라지고, 마치 어린아이처럼 해 맑게 웃고 계시는 듯 보였다. 엄마 얼굴을 가슴으로 감싸안으며 대성통곡을 하는 나를 본 동네 할머니가 "오늘만 실컷 울고 그만 울어라. 딸년이 많이 울면 엄마가 저승길 못 간다. 좋게 보내드려라. 호상이구먼, 호상이야." 하는 게 아닌가.
  지금이야 백 세 시대니, 뭐니 하며 건강에 신경을 많이 쓰고 살지만, 옛날의 엄마들은 그리 살지 못하지 않았던가. 당신 몸은 뒷전이었고 식구들 끼니 챙기기 바빴던 시절이었으니 그때만 해도 팔십을 넘겨 상을 당하면 오래 살다가 간 거라며 호상이라고 했다.
  이젠 어머니가 돌아가신 지도 스물다섯 해나 지났다. 하지만 엄마에 대한 기억은 어제의 일처럼 생생하다. 막내로 태어난 나는, 유독 엄마의 사랑을 독차지하며 자랐다. 그 시절엔 쌀이 귀했기에 대부분 꽁보리밥만 먹고 살았었다. 항상 엄마는 밥 지을 때마다 밥솥 한 귀퉁이에 쌀을 한 움큼 넣어 안치곤 하셨다. 매양 오빠와 내 밥그릇에만 조금씩 섞어서 퍼주곤 했다. 그래서 그랬을까, 요즘도 큰언니는 보리밥을 먹지 않는다. 봄이면 엄마는 뚝배기에 된장을 풀었다. 텃밭에서 파릇파릇한 연한 풋마늘 몇 뿌리, 풋고추 서너 개를 따다가 숭덩숭덩 썰어서 보글보글 끓는 뚝배기에 넣곤 했다. 뚝배기를 화롯불에다 얹혀서 자작하게 된장찌개를 끓여내곤 했다. 그 맛이 어찌나 진하고 구수한지 먹어보지 못한 사람은 모를 게다. 내가 아들에게 엄마가 끓여 준 된장찌개의 맛을 재현하려고 풋마늘을 사다가 끓여보지만, 그 맛이 아니다.

　엄마는 목화도 직접 심으셨다. 그 솜으로 이불을 만들어 시집갈 때 해 주셨다. 그것도 모자라 막내딸인 내가 힘들게 일하며 사는 게 안타까우셨는지 나이 들도록 외 손주들을 키워주던 엄마다. 엄마가 앨범 속에서 하얀 백발을 곱게 빗어 쪽 찐 머리를 하고 앉아계신 모습이 조각같이 곱던 마지막 날의 엄마 얼굴이 겹쳐 보인다.

　초상날, 동네 분들이 상엿집에서 가져온 상여에다 종이로 만든 꽃들을 달고 있었다. 호상이니 꽃상여를 만들어야 한다며 형형색색 빛깔 고운 한지를 겹겹이 접고 오려서 탐스러운 꽃을 만들었다. 상여에 달고 나니 새색시가 타고 가는 꽃가마처럼 화려한 꽃상여가 됐다. 만장을 펄럭이며 상여 머리에 선소리꾼이 올라섰다. 그리곤 힘차게 흔들며 구성지게 선창한다. "이제 가면 언제 오나, 어허이

어허" 그 곡소리가 상여의 출발을 알렸다. 이어 상주들이 흐느끼며 그 뒤를 따르고 이내 동네 분들도 모두 그 뒤를 이어서 걸어갔다.

　상여가 동네 한 바퀴를 휙 돌고 난 후, 장지 가는 길에 들어섰다. 마침, 뒤편에 있는 개울을 건널 때였다. 상여를 아무리 움직이려 해도 요지부동이다. 상여가 마치 이승에서 못다 한 일이 있었는지 움직이지를 않는다. 그때 상여꾼들의 장난이 시작됐다. 망자가 노잣돈이 부족해서 못 가는 거라고 했다. 이런 광경은 호상에서만 있을 수 있는 일이다. 때마침 오라버니가 준비한 봉투를 동생들에게 나눠주며 상여에 얹으라고 했다. 노잣돈을 상여에 얹고 나서야 다시 힘차게 움직였다. 상여는 두 개의 개울을 더 건너고 나서야 장지에 도착했다.

　산 중턱에 꽃상여를 내려놓고 관을 내모셨다. 그리고 미리 작업한 묘광에 관을 안치시키고 흙을 덮을 때 또 한 번 나는 대성통곡을 했던 기억이 새록새록 하다.

　계절이 바뀔 때마다 다녔던 엄마의 산소도, 무릎이 시원찮은 탓에 찾아뵙지 못한지도 몇 년째다. 앞산에 있던 상엿집도 없어진 지 오래다. 조석으로 서늘한 바람이 불더니 하늘이 높아졌다. 며칠 전 찬바람이 일더니만 처서다. 추석이 낼모레다. 올 추석은 일러서인지 밤도 맛이 덜하고 대추도 시퍼렇다. 천정부지로 값이 올라버린 배추, 무를 들었다 놨다 하다 배추 한 통, 무 한 개를 사다가 김치를 담갔다. 추석 차례상 준비를 하러 온 며느리와 딸, 손녀딸들과 둘러앉아 전을 부치며 꽃상여를 타고 가시던 엄마의 이야기를 들려주고 싶다.

기분 좋은 날 외 1편

최 순 자
secretary@samyoungexp.co.kr

　추석연휴 이른 새벽에 양평으로 차를 몰았다. 강변북로를 따라 시부모님 산소에 가는 길은 참 아름다웠다. 수면에서 올라 온 뿌우연 안개가 겹겹이 펼쳐진 산허리를 두르고 있어 마치 한 폭의 거대한 수묵화마냥 장관을 이루었다. 차 안 가득 클래식 음악이 넘실대고, 길 따라 흐르는 강물의 아름다움은 소풍가는 아이처럼 우리를 설레게 했다.
　얼마쯤 갔을까. 갈림길이 나타났다. 고개를 갸웃거리며 오른쪽 길로 접어들었다. 한참을 가다보니 길이 낯설고 잘못 든 것 같았다. 차를 세우고 마침 지나가는 순찰차에 손을 들었다. 가던 길을 멈추고 순경 두 분이 내려 무슨 일이냐고 물었다. 우리의 목적지를 얘기했더니 20분 정도 내려가면 우리가 찾는 길을 만날 수 있다면서 찾아가는 길을 자상하게 가르쳐 주었다. 설명은 들었으나 막연한 채 시동을 거는데 순찰차가 따라오며 우리를 안내해 주겠다니 여간 고마운 게 아니었다. 꼬불꼬불한 샛길을 한참 따라 내려갔다. 우리가 찾으려 했으면 무척 힘들 뻔 한 길이었다. 마음이 놓이질 않아 우리를 안내해 주려고 한 것 같다.

길눈이 어두워 헤매는 일이 종종 있지만, 그동안 일 년에 한두 번은 벌초하러 다니던 길인데 잘못 들었던 것이다. 형님 댁과 약속도 있어 초조할 수도 있었지만, 오늘은 차를 달리면서도 두 순경의 친절했던 인상이 떠오르며 흐뭇하기만 했다. 젊은 순경들은 온화한 얼굴에 언행이 부드러웠다. 그리고 그곳은 자기들의 관할이니 마땅히 할 일을 했을 뿐이라고 겸손해 했다. 그들을 보니 문득 오래 전 기억이 하나 떠올랐다.

결혼할 무렵이었다. 시댁에 드릴 예단 가방을 기차의 선반에 올려 두고 그냥 내렸다. "앗! 가방." 하며 놀랐을 때는 이미 기차는 저 멀리 떠나가고 있었다. 울상이 된 나는 어쩔 줄 모르고 우왕좌왕 하다가 역무실을 찾았다.

그때 나는 대구 근교의 시골 중학교에 근무 중이었다. 주말에 부산의 본가에 갈 때는 대구역에서 기차를 탔다. 수업을 마치고 서두르면 저녁 때 쯤 도착하는 차를 만날 수 있었다. 언제부턴가 기차에 자리 잡고 앉아 있으면 "선생님 안녕하십니까?"하고 허리를 굽혀 인사를 하는 역무원이 있었다. 아는 인가 싶어 쳐다봤더니 그도 아니고 나중엔 잘 다녀오라는 말까지 덧붙이며 다시 한 번 꾸뻑 인사를 하고 지나갔다. 키도 크고 모자와 제복에 금테를 많이 두른 것을 보아 제법 높은 위치에 있는 사람 같은데, 싱겁게 장난을 치는 것 같기도 하고 혹시 불량 끼 있는 사람이 아닌가 싶어 아예 거들떠보지도 않았다. 그런데 이런 급한 상황을 당하고 보니 언뜻 생각나는 사람이 그 역무원이었다.

고개도 못 들고 더듬더듬 자초지종을 얘기했다. 그는 곧바로 전화기를 들고 대구 다음 급행역인 왜관에 전화를 했다. 상행선 몇 열차 몇째 칸 선반에 있는 가방을 내려오는 급행으로 보낼 것을 지시했다. 평소의 그 유들유들함은 간 데 없고 신속하고 진중했다. 나는 구석에서 숨도 크게 못 쉬고 서 있었다. 멍청하게 가방을 두고 내린 것도 그렇고 그간 쌀쌀맞게 굴었던 나의 처신도 부끄러워 몸 둘 바를 몰랐다. 지금은 KTX로 한 시간도 안 되는 거리를 그땐 5시간이나 소요되는 길을 오가며 짬짬이 혼수준비를 하느라 매우 힘들고 피곤했었다. 그래서인지 잠시 졸다가 그런 소동이 벌어진 것 같다.

두고 내렸던 가방은 돌아왔다. 나는 아무 말도 못하고 고개를 깊숙이 숙인 채 인사를 하고 역무실을 나왔다. 뺨에 닿는 11월의 찬 공기는 나를 더욱 서글프게 했다. 혼자서 혼수를 준비하다가 이런 일까지 당하고 나니 형언키 어려운 서러움에 눈물이 흘러 내렸다.

지금 그때를 생각하니 웃음이 나온다. 경계의 날을 세우고 차갑게 굴었던 내 20대의 철없던 모습이라니. 고맙다는 인사는 한마디 했어야 하는데 결혼 후 학교를 그만두었으니 기회는 놓치고 말았지만 수십 년이 지난 지금도 그날의 고마움은 잊을 수가 없다. 또한 오늘 만난 두 순경을 통해 경찰이나 순찰차를 보면 왠지 긴장되고 피하고 싶었던 그 선입견을 버리게 되었다.

최순자

드디어 우리가 찾던 길을 만났다. 앞서가던 순찰차는 속도를 늦추어 우리 뒤로 빠지면서 잘 가라고 손짓을 한다. 고맙다는 인사를 할 겨를도 없이 순찰차는 이미 우리 시야에서 사라져 버렸다.

시월의 첫 날, 날씨는 청명하고 바람은 상쾌하다. 길을 잃고 헤매다 따뜻한 마음을 만났다. 가는 동안 내내 젊은 두 순경의 맑은 미소가 차창에 어른거렸다.
오늘은 참 멋지고 기분 좋은날이다.

또 한 마리요

　며칠 전 지하철 회현역으로 가는데 친구 사이인 듯한 아줌마 세 명이 서너 걸음 앞서 가고 있었다. 두 사람은 계단 가운데로 가고 한 사람은 계단 손잡이를 잡고 옆으로 내려갔다. 옆으로 가던 그 아줌마가 갑자기 "가재 한 마리" 하고 외쳤다. 순간 나는 놀라서 옆을 돌아보았다. 그 광경을 보고는 쿡 웃음이 나왔다. 그 발상이 너무 재미있어서 뒤따라가던 나도 "또 한 마리요" 하고 말해버렸다. 가재 아줌마는 누가 자기 흉내를 내는 줄 알았던지 힐끗 곁눈질하며 나를 쳐다보았다. 나 역시 가재걸음으로 더듬거리다가 그녀와 눈이 마주친 순간 멋쩍기도 해서 그만 함박웃음을 날려 보냈다. 그제야 그녀도 배시시 웃어주었다. 동병상련이라고나 할까.
　몇 해 전 일이다. 문학기행을 떠나던 날 아침, 우리 집 앞 건널목에서 녹색 신호가 절반쯤 지나고 있는데 급히 뛰어가다가 잘못 디

뎌서 넘어지고 말았다. 아픈 것도 잊고 창피한 생각에 벌떡 일어났다. 절뚝거리긴 했지만 다행히 신길역에서 기다리는 일행의 버스에 오를 수 있었다. 자리에 앉고 보니 한쪽 무릎 부분의 바지에 피가 조금 배어 있고 긁힌 손바닥은 후끈거렸다. 얼마 후 버스는 휴게소에 섰다. 일어서긴 했는데 걸을 수가 없었다. 문우들의 부축을 받아 겨우 화장실을 다녀왔다. 스스로 걸을 수 없다는 사실이 얼마나 당혹스럽고 불편하던지 차라리 팔이 다쳤으면 나았겠다는 생각도 들었다. 지금 여기서 되돌아 갈 수도 또 그곳에 가서도 혼자 걸을 수 없다면, 다른 사람에게 짐이 될 거라는 생각에 가는 동안 내내 마음이 편치 않았다.

드디어 해남 미황사에 도착했다. '땅끝 마을 아름다운 절'이란 별칭도 있지만 '땅끝'이란 말에 더 흥미가 당기던 곳인데 정작 그 절을 눈앞에 두고 아픈 다리로 어쩔 수 없이 높은 계단만 바라보다가 돌아왔다. 잠시나마 장애우의 고충을 절실하게 체험한 날이었다. 정형외과에 가서 X-Ray도 찍어 보았으나 크게 다치진 않았던지 한동안 물리치료를 받고는 걷는데 지장 없이 회복이 되었다.

지난겨울, 느닷없이 한 쪽 무릎이 아프기 시작했다. 낮 시간보다 밤에 통증이 심해서 잠을 설치는 날이 많았다. 소문난 병원을 찾아서 들락거렸던 일이 생각난다. 심한 통증은 진정되었으나 지금도 동네병원에서 일주일에 두세 번 물리치료를 받고 있다. 그다지 진전이 없는 듯 하기에 어느 날 의사선생님께 조심스레 말을 건네니 "많이 써서 닳아서 그렇지요."라고 대답했다. 뻔한 사실을 왜 묻느냐는 듯이 퉁명스레 말했다. 곁에 섰던 간호사가 딱하게 보였던지 더 나빠지지 않도록 살살 달래가며 꾸준히 치료 받으라고 했다. 병원을 나오는데 묵직한 돌에 눌린 듯한 마음은 내 걸음보다 더 뒤뚱거렸다.

'젊어 보인다, 아직 괜찮네.' 하는 말을 들으면 나도 그런 줄로 알았고, 그러길 바랐는데 세월 이길 장사 없다더니 때가 되었는가. 정말 비껴가지도 않고 이렇게 찾아올 줄이야. 이젠 뛰는 것은 물론 걷는 것도 예전처럼 빨리 걸을 수가 없고 내리막길이나 층계 앞에 서면 난감하고 막막해 진다. 나는 저녁마다 세숫대야의 뜨거운 물에 발을 담그고 발가락 하나하나를 꼼꼼히 주물러 준다. 자칫 울적해 지려는 마음을 추스르며 그래 의사선생님 말이 맞지, 이 다리로 얼마나 걷고 뛰고 혹사를 했는데 닳아서 그럴 만도하지 생각하며 스스로 위로도 한다. 내 유년 때도 그랬고 상급학교에 가서도 육상부에 들어가 달리기 계주 땐 스타트로 뛰었다. 초임 교사시절에는 수업종이 치면 출석부와 분필통을 들고 총알처럼 뛰어다니고, 넓은 운동장 끝자락에 있는 교실에 갈 때는 더욱 재빨리 날아다녔다. 그러니 노타리 선생님들은 '삼보구보'란 별명을 붙여놓고 '천지 모르고 설치는 신뻬이'라며 은근히 나를 놀리던 기억이 난다. 결혼을 하고 난 후에도 온갖 고개를 넘고 넘어 산수의 중턱에 이른 지금 기어이 무릎을 수술하는 큰 고통을 맛보아야만 했다.

우리 삶에는 내가 직접 살아내지 않으면 알 수 없는 것들이 많다. 신문에 퇴행성에 관한 기사가 그렇게 자주 나왔어도, 또한 길에 절뚝거리는 사람들이 이렇듯 많은데 내가 아프기 전에는 보이지가 않았다. 걷는 것이 건강에 좋다고 해도 종일 아파트 안에서만 보낼 때

최순자

가 많았으니 오랜 생활습관이 병을 만들기도 하고 건강을 지켜주기도 하는 것 같다. 신발장 안의 구두들은 그림의 떡일 뿐, 이제는 운동화 같은 편한 신발을 신어야 한다. 그리고 혼자 견디기 어려운 상황에선 내가 먼저 도움을 청해야 한다.

집으로 돌아오는 길, 건널목에 저만치 녹색신호가 들어왔다. 예전 같았으면 급히 뛰어 건넜을 텐데 이젠 그럴 수가 없다. 같이 가던 유치원생은 자기 몸통보다 더 큰 가방을 매고도 나비처럼 팔랑팔랑 건너간다. 모두 다 건너간 빈자리에 혼자 서 있다. 다음 신호를 기다리며 서있는데 마음엔 물기 머금은 바람이 스쳐간다.

공상가와 상상가의 만남 외 1편

최 연 실
cdream62@hanmail.net

내 지인 K는 프로그램 박사다. 만날 때마다 세상이 바뀔 거라고 한다. 홀로 살아가는 사람이 많아지면서 혼술, 혼밥, 혼행(혼자 여행)이 늘고, 그 반면에 이혼하는 확률은 줄어들 거라고 했다. 그리곤 AI가 대중화되면, 유명 연예인과도 살게 되는 날이 오게 될 거라며 우스꽝스러운 말을 한다.

"띠띠띠띠 띠리릭."
현관의 단축 음이 멈추자마자 스르르 문이 열린다. 그녀가 집으로 들어간다. 소파에 앉자마자 이리저리 눈알을 굴리고 있는 게 머릿속으로 주판알을 돌리고 있는 듯하다.
"음~~ 이번 주는 누구하고 지내볼까?"
듣는 사람도 없는데 혼자 중얼거리고 있다.

일주일에 한 번, 월요일 저녁마다 마우스처럼 생긴 리모컨을 들고 거실 모퉁이 쪽으로 손을 뻗친다. 그곳에다 리모컨의 센서를 고정해 놓고 입을 갔다 댄다. 그리고 그녀가 명령을 내린다. 리모컨에 초록 불이 켜진다. 이제 그녀는 오늘부터 그녀가 지정한 로봇과 한 주를 지낸다. 그녀가 "한석규"라고 말하니 서 있던 로봇의 팔다리가 몇 번 정도 앞뒤, 좌우로 움직였다. 그리고 로봇의 머리통이 몇 번의 공회전을 했다. 그러자마자 복제형 AI 한석규가 그녀 앞으로 저벅저벅 걸어 나온다. 어젯밤에 그녀는 니컬러스 케이지와 함께 잠자리에 들었었다.

　이제 오십 줄에 들어선 그녀는 인공지능 시대에서 살고 있다. 파마기 없는 짧은 단발머리를 하고 화장기 없는 민낯으로 안 다니는 곳이 없다. 겨우 백오십 센티미터밖에 안 되는 단신인데도 당당하게 플랫 슈즈를 즐겨 신는다. 그런 그녀가 주변 사람들한테 자신의 직업을 이야기할 때 한없이 자라목이 되곤 한다. 인공지능 시대에 웬만한 직업은 AI가 대신하고 있기에 많은 인간은 놀고 있다. 그러나 그녀의 직업은 AI가 수집해서 쓴 글을 소프트아이스크림을 먹는 것처럼 좀 더 부드럽게, 서정적으로 교정하는 일에 종사하고 있다. 그녀의 장르는 수필이다.

　두 달이나 지났을까. 그녀가 남편과 서류에 도장을 찍고 홀로서기를 선언한 게 말이다. 그때 그녀가 이혼하자마자 찾아간 곳은 AI 로봇 전시장이다. 그녀는 평범하지 않았다. 대부분의 인간은 이상형을 고를 때 우선순위를 용모에다 두거나 성격에 둔다. 그러나 그녀는 목소리와 눈빛이었다. 그날 그녀가 남편에게 받은 위자료로 살

수 있는 로봇은 제한적이다. 그러기에 한석규 목소리에 니컬러스 케이지의 눈을 세팅하기엔 턱없이 부족했다. 그래서 기본형으로 세팅 되어있는 것을 고를 수밖에 없었다. 모델 한석규와 니컬러스 케이지의 기본형을 예약하고 집으로 돌아왔다. 물론, 그녀의 성격과 나이에 맞춰 모든 프로그램을 세팅하고 말이다. 주문한 로봇이 배달받은 지 한 달이나 되었다.

며칠 전부터 하늘은 잿빛이었다. 수술한 그녀의 무릎이 또 시큰거린다. 그녀가 책상 앞에 앉는다. 가끔 그녀의 상상력에 날개를 달아 줄 클래식 음악을 들으면서 그녀가 일을 하는 데 때마침 AI 한석규가 그녀의 마음을 읽은 모양이다. LP 판 책장에서 「에릭 사티 Erik Satie 그노시엔느 Gnossiennes」를 꺼내 들곤 그녀를 보며 손을 높이 들었다. 이내 턴테이블 위에 올려놓고 그녀 옆으로 다가왔다. 살포시 그녀의 어깨에 팔을 올리며 말한다.

"당신 밖에서 무슨 일 있었나요?"

AI 한석규가 그녀의 귓불에 입을 가져다 대며 달콤한 목소리로 묻는다.

"당신은 몰라도 돼요."

그녀는 예전이나, 지금이나 달라진 게 없다. 그녀가 투명 인간 취급하는 건 여전하다.

"연어 샐러드와 새우를 듬뿍 넣은 크림 스파게티를 먹고 싶어요."

체념한 듯 AI 한석규는 소파에서 일어나 주방으로 간다.

K가 팔로 훠이훠이 하며 바람을 일으키고 있다.

"최 선생! 내 말 듣고 있는 거요?" 하며 말한다. 순간, K에게 내 머릿속의 이야기를 들키기라도 한 듯 움찔한다. 공상가 K가 하는 이야기를 듣고 난 후, 나는 한참이나 상상의 나래를 펴고 있었다.

요즈음 출근해서도 집안일을 할 수 있게 됐다. 모든 전자 제품의 시간을 설정해 놓으면 빨래도, 설거지도, 밥도 저절로 다 알아서 하는 시스템이다. 현재 시공한 아파트에는 인공지능 방식을 도입한 곳도 더러 있다고 한다. 물론, 옵션이기에 분양가가 비싸지만 말이다. 각자의 사정에 맞게 아파트를 구입하는 것처럼, 공인의 얼굴을 모델로 한 AI도 판매되는 세상이 곧 도래될 거라고 한다. 로봇을 구입하는 인간이 많아지면 은행이나 보험사도 장기 적금 상품이 출시될 거라고 한다. 다가올 세상은 어떤 유형의 로봇을 소유했느냐에 따라 빈부의 차가 형성될 거라고 K는 장황하게 설명한다.

2016년 인간의 사고를 지닌 알파고와 이 세돌의 바둑 경기를 보면 알 수 있다. 이 세돌은 알파고와 다섯 번 싸워 간신히 한 판을 이겼다. 그래서 인간이 최소한의 체면치레를 하게 된 셈이다. 무심히 던진 이 세돌의 바둑돌로 딱 한 번의 승리를 거머쥐었다. 인간은 인공지능의 한계라 떠들어댔지만, 알파고는 다시 딥러닝 방식으로 스스로 패턴을 찾아갔다.

종종 K는 현실 가능성이 떨어지는 것을 공상하는 것을 좋아한다. 그러나 나는 K의 백일몽 같은 이야기를 듣다 보면 그 세상에 사는 나를 상상하게 된다.

나는 누군가를 사랑하는 것도 서투른 사람이다. 가까운 사람들과의 상호작용도 부족한 나란 것을 잘 알고 있다. 그러기에 AI가 대신

한들 내가 바뀔 리 없다는 것도 말이다. 하지만 AI가 판치는 시대가 머지않았다. 알파고가 인간의 방대한 경험을 습득해 무수한 경우의 수를 읽는다면,

"당신은 그날이 오면 무엇을 하며 누구와 살고 싶은가요?" 하고 되레 묻는다. 오늘도 도래될 그날을 위해 나는 나를 세팅한다.

월하 수작 月下 酬酌

 애당초 제주도를 마음에 두었던 것은 아니다. "우리도 제주에 내려가서 살아볼까?"하며 무심코 내뱉은 남편 말에 내가 흔들렸다. 그날 이후로 승냥이처럼 말꼬리를 물었다. 물론, 내 안에 똬리를 튼 자유로운 영혼도 한몫했다.
 제주도의 구도심 근처에 연세 年歲를 얻어 지냈으나 내 몸 구석구석에 뭍의 일상이 잔재했다. 홀로 연고가 없는 이곳에서 가끔 술을 벗 삼으며 외로움과 사투를 벌이곤 한다. 아침이면 퉁퉁 부어오른 눈 주위를 쳐다보며 이런 날도 어쩌다 한 번이면 족하지 싶다. 그래서 숨어든 곳이 한라산 중산간 중턱에 위치한 애월이다.
 두문불출하는 것에 익숙한 터라 인적이 드문 곳에 둥지를 틀었다. 약속이 있는 날을 제외하면 이보다 더 나은 곳이 없지 싶었다. 하지만 저 아랫녘 애월 바다에 떠 있는 갈치 배에서 술 익는 냄새가 솔솔 밤바람 타고 어둑어둑한 산 중턱으로 올라올 때면 마음속에서 작은 북소리가 들리곤 했다. 그새 밤바다를 비추던 은은한 달이 살며시 내 가슴에 들어앉았다. 시커먼 밤바다의 반짝이는 갈치 배, 그 불빛에 취해 이내 나는 요동치는 닻을 내리고 무작정 밖으로 나갔다. 차에 시동을 켜고 액셀을 밟곤 단숨에 언덕을 내려간다. 달리는 차를 따라오느라 달도 숨이 가쁘다. 십여 분을 달려가 양손에 술을 안고 집으로 돌아오길 여러 번이다.

'나를 위한 만찬을 준비하리라.' 혼잣말을 하면서도 매번 손쉽게 먹을 수 있는 닭가슴살을 집어 든다. 안주는 빈약할지라도 한껏 분위기를 띄워보는데 무게를 둔다. 「베토벤 Beethoven」의 월광 소나타 Moonlight Sonata 의 LP 판을 턴테이블 위에 올려놓고 볼륨을 최대로 키운다. 빈 잔에 술을 가득 따른다. 넘기지도 못한 술을 물끄러미 쳐다보며 열병을 앓는 사람처럼 이내 도화꽃물이 발끝의 말초신경을 서서히 물들이고 있다. 마치 바다를 처음 본 소금인형처럼 말이다. 이젠 점잖을 떨 나이도 됐건만 아직도…. '쯧쯧' 혀를 차며 어이없다는 듯, 입가에는 괜스레 미소가 번진다. 이에 뒤질세라 민첩한 손이 술상 위에 놓인 핸드폰을 만지작거리고 있다. 길게 1번을 꾹 누르면 열에 아홉은 '응, 낼 통화하자.' 남편은 그리 말할 게 뻔하다. 그래서 이번에는 생물학적 교집합인 3번을 누르면 '너 또 술 마셨니?' 핏대를 세워가며 목사님 버금가는 설교로 오랜 시간 잔소리할 게 분명하다. 아무리 위아래로 훑어봐도 한밤중에 버선발로 나와 내 전화를 받아 줄 사람은 없다. 평소 포기가 쉬운 나는, 달 아래 홀로 독작하는 '이백'을 떠올린다. 〈월하독작〉이라도 읊조리는 게 나을 성싶다.

>   花間一壺酒　獨酌無相親
>   꽃 사이에 술 한 병 놓고 벗도 없이 홀로 술 마신다.
>   舉杯邀明月　對影成三人
>   잔을 들어 달을 맞이하니 그림자와 셋이 되었구나.
>   月旣不解飮　影徒隨我身
>   달은 술 마실 줄 모르고 그림자는 그저 나를 따르기만 하네.

이내 교우와 응대하지 못한 외로움의 부스러기가 얼굴에 흩어지고 있다. 초대한 적 없는 달이 술잔 속에 자리를 잡았다. 그 안에 들어앉아서 슬픔을, 사랑을, 고독을 나와 함께 공유할 수만 있다면 이보다 더 좋은 벗이 어디 있으리오. 달빛이 교교한 밤에 한바탕 춤 한 번 추는 것이 손가락질받을 일이란 말인가.

제주에서 홀로 지내는 밤은 쓸쓸하고 외로웠다. 바람에 흔들리지 않는 꽃이 어디 있으리오. 코끝에 스치는 바람에도 흔들렸고, 소리 없는 몸짓에도 가끔 떨리곤 했다. 그럴 때마다 나를 감싼 몸피가 조금씩 얇아지고 있었다. 도저히 봄 맞을 용기가 나질 않는다. 벚꽃이 피기 전에 짐을 꾸렸다.

도시의 소음과 골목길을 달리는 자동차의 매케한 그을음으로 바람은 멈춘 듯하다. 늦은 밤, 추레한 복장으로 골목 편의점을 찾아 들어간다. 소주 한 병을 사 들고 와 안방 창가에 놓곤 밖을 본다. 수작

할 친구를 찾다 보니 하루살이도 괜찮을지 싶어 방충망을 연다. 살구꽃은 떨어진 지 오래고, 푸릇한 연두는 메말랐다. 한때 만개한 웃음으로, 몸짓으로 살아보고 싶었던 그날을 상기하며 빈 잔을 채운다.

고향을 찾아서 외 1편

황 정 희
hakhee333@hanmail.net

　작년 가을 고향에 사는 사촌 남동생이 아들을 장가보낸다고 청첩장을 보냈다. 10년이나 고향을 찾지 못해 마음이 무거웠는데 이 기회에 한번 다녀오기로 했다. 무엇이 그렇게 바빴는지 부모님 산소에도 가질 못했다.

　아버지는 육남매의 장남이셨다. 아버지 밑으로 고모님 네 분, 남동생인 숙부님 한분이 계셨다. 숙부님은 막내라 아들같은 동생이어선지 두 형제가 나란히 집을 짓고 평생을 함께 사셨다. 더구나 아버지는 장손이어서 제사도 많았고 제삿날이면 나는 옆집 숙부님 댁으로 일찍 피신을 했다가 제사가 끝날 때 쯤 집으로 와서 제사 비빔밥을 먹었다.
　아버지는 매일 숙부님 댁을 둘러보셨고 사촌들이 태어 날 때마다 이름도 지어 주셨다. 두 집이 이렇게 한집처럼 살다보니 우리는 사촌들과도 아주 가깝게 지낸다. 숙부님은 우리 집에서는 막내인 나하고 동갑짜리 큰딸 밑으로 아들 다섯, 딸 하나를 더 두셨다. 청첩장을 보낸 동생은 막내아들이다. 지금 고향에는 양쪽집안 모두, 심지어 조카들까지 모두 고향을 떠났고 숙부님 큰아들과 막내아들만 고향을 지키고 있다. 우리 집은 부모님 언니 오빠 모두 세상을 떠나고 여덟 살 위인 언니하고 나, 둘만 남았다. 그러니 무슨 일이 있어도 큰집 대표로 내가 결혼식에 꼭 참석해야만 했다.

 막내딸, 며느리와 함께 공항에 도착하니 숙부님 댁 큰 동생이 마중을 나와 있었다. 혼주인 동생이 마련한 회사 영빈관에 짐을 풀고 결혼식을 위해 미국에서 나와 먼저 쉬고 있던 동생부부와 함께 시간에 맞춰 결혼식장으로 갔다. 날씨도 좋았고 결혼식 분위기도, 피로연도 화기애애한 분위기 가운데 잘 마쳤다. 큰동생이 가까운 친척들을 집으로 초대해 즐겁게 티타임을 가졌다. 집에서 만들었다는 여러 가지 차와 과일, 떡을 조카들과 함께 분주히 나르는 모습을 보니 참 흐뭇했다. 이게 사람 사는 모습이지

 저녁은 마침 전어 철이라 혼주가 전어 요리로 유명한 식당으로 친척 들을 초대했다. 식당을 거의 통째로 빌린 셈이다. 전어회, 전어무침, 전어구이, 전어로만 만들어진 다양한 음식이 나오는데 옛 맛이 그리웠던 우리는 "바로 이 맛이야, 오랜만에 제대로 먹어 본다"고 떠들어 대며 맛있게들 먹었다.

 다음날 아침, 이번에는 장어탕 집이란다. 어제 떠나고 남은 가까운 친지 서른 명이 아침 여덟시쯤 이른 시간인데도 손님들로 꽉 찬

식당으로 갔다. 장어탕을 처음 먹어본다는 막내딸과 며느리도 맛있다며 한 그릇을 다 비운다.

　아침을 먹고 난 뒤 큰 동생이 "누님 '낭도' 안 가보셨지요?" 한다. 섬 모양이 이리를 닮았다 해서 이리 낭狼자를 써서 낭도狼島라고 부르게 되었다고 한다. 우리 가족 스무 명이 차 다섯 대에 나눠 타고 낭도로 향했다. 섬과 섬을 다리로 연결하여 백리섬섬길이 개통되었다. 남도의 옥빛 바다를 바라보며 드라이브를 즐기기에 부족함이 없었다. 육지가 된 낭도는 수려한 풍광과 소박한 맛으로 여행자들을 유혹한다, 수묵화 같이 채도를 달리하는 육지의 산과 바다를 가득 메운 섬들은 마치 하나인 듯 조화롭게 어울린다. 어떤 섬은 컵케이크처럼 둥근 것이 여수를 그리던 조물주가 실수로 물감 한 방울 떨어뜨린 것 같다. 하늘, 바다, 섬. 눈길 돌리는 곳 마다 숨이 멎도록 아름다운 풍광에 눈 호강을 실컷 했다. 길옆 카페에서 차 한 잔을 하고 밖으로 나와 기념촬영을 하고 부모님 산소로 향했다. 큰 동생이 관리를 해 주고 있지만 오랜만에 이렇게 많은 사람들이 찾아주니 부모님 기분이 좋으셨겠지. 무덤위에 난 잡초를 뽑으며 가만히 무덤을 쓰다듬어본다.

　고향을 다녀온 지 일 년쯤 지난 어느 날. 딸 셋이 함께 집에 들렀다. 이러저런 얘기 끝에 막내가 느닷없이 "엄마 작년에 삼촌네 결혼식에 엄마 따라 가기를 정말 잘 했어요."했다. 가기 싫었는데 엄마 혼자 가시면 안 될 것 같아서 할 수 없이 따라 갔는데 너무 아름다운 여행 이었다고. 삼촌들이 친척들 모시는 모습이며 사촌누나인 엄마를 환대하는 모습도 보기좋았고 낭도까지의 드라이브는 환상적이어서 가끔 가끔 생각이 난다고 했다.

  요즘 가수 장범준이 부른 <여수 밤바다>때문인지 여수를 찾는 관광객들이 많아졌다고 한다. 특히 젊은이들은 긴 고민도 하지 않고 훌쩍 떠난단다. 예전엔 서울에서 꼬박 8시간 가까이 걸려서 가던 길을 요즘엔 비행기 편도 있고 KTX로 3시간이면 갈 수 있다니 쉽게 가볼 수 있게 되었다. 노래 한 곡의 위력이 대단하다.

  하긴 파리에서 30키로 떨어진 작은 마을 오베르는 고흐가 마지막 숨을 거두기 전 70일 머물렀던 곳인데 고흐를 위한 '기억의 장소'가 되어 365일 이곳을 찾는 이들의 발길이 끊이지 않는다고 한다.

  발라드 곡인 '여수 밤바다'라는 노래에 깃든 낭만과 나즈막히 속삭이듯 '나는 지금 여수 밤바다에 있는데 너는 뭐하고 있냐'고 내뱉는 노랫말에 빠져 수많은 관광객들이 내 고향으로 몰려들고 있다니 가수 장범준에게 감사해야 할까.

  나도 마음 끌리는 대로 훌쩍 고향을 찾아 떠나볼까 싶다.

내 나이가 팔십이란다

　오늘은 쓰레기 버리는 날이라 모아둔 쓰레기를 분리하여 들고 나갔다. 경비아저씨를 만나 3층 할머니 얘기를 물었더니 할아버지도 병원에 함께 입원해 계신다고 한다. 3층 할머니는 나와 비슷한 연배이고 이 아파트에서 우리와 함께 가장 오래 살았던 분으로 자주 얘기를 나눴던 유일한 이웃인데 어느 날 갑자기 쓰러져 구급차에 실려 간지 몇 달 째다. 요즘 가까운 사람들이 하나 둘 내 곁을 떠나고 투병중이라는 소식을 접할 때마다 내 마음은 조금씩 가라앉는다.
　올해 내 나이가 팔십이란다. 참 싫다. 그러나 어쩌랴. 세월이 맹렬한 속도로 달려가고 있다. 이 만고의 진리 앞에 나는 무릎을 꿇는다. 나이는 숫자일 뿐이라고 우기던 내가 이제 다 내려놓으니 마음이 참 편안하다. 이제 막 편안해지는 마음을 막내가 또다시 흔들어 놓는다. "엄마 팔순잔치를 어떻게 할까요? 나를 위한 배려이겠지만 나는 내 나이를 잊고 산다. 아니 잊으려고 한다. 그대로 인정하면 될 것을 왜 굳이 귀를 막으려 하는지 아무래도 나는 못 말리는 철부지 인가보다. 옛날 같으면 팔십 노인은 상노인이라 했다. 그러나 지금은 백세 시대가 아닌가. 한사코 마음을 다스려 보지만 서글픈 마음은 어쩔 수 없다.

이제는 내 나이를 인정해야지 생각하면서 팔십년 세월 속으로 들어가 본다. 내가 지금까지 잘 살아 왔을까?

나는 살아오면서 늘 어머니를 가슴에 품고 살아왔다. 몹시도 그리운 내 어머니. 어머니가 걱정하시던 눈빛, 당부하시던 말씀을 어제인양 기억하고 있는데 젊었을 적엔 날이 더디만 가더니 팔십년 세월이 눈 깜빡할 새에 가버린 것 같다.

꿈 많고 내 일생 가장 행복했던 대학시절. 시골에서 갓 올라와 낯선 서울생활에 함께 어울려준 내 단짝 친구 네 사람. 함께 어울려 많은 곳을 다녔고 수업이 일찍 끝나는 날에는 신촌 역 앞에 있는 음악다방에 죽치고 앉아서 신청곡을 청해 듣곤 했다. 마냥 즐거웠고, 꿈 많고, 행복한 추억만이 가득했던 시절, 깔깔대며 교정을 누비던 우리들의 모습이 보인다. 졸업을 하고 한 친구는 결혼을 한 뒤 미국으로 가더니 몇 년째 소식이 없다. 남은 셋이서 지금까지 잘 만나왔는데 또 한 친구가 몇 달 소식이 없더니 지난 해 10월, 말도 없이 우리 곁을 떠나버렸다. 그 중 제일 친한 친구였는데 한마디 말도 없이 떠나버린 친구가 야속하고 보고파서 가슴을 부여잡고 소리없이 울었다. 대학 사년동안 늘 어울려 다녔던 친구가 이제 둘만 남았으니 서글프다.

내 결혼생활은?

남편을 만나 결혼을 하고 딸 셋, 아들 하나를 낳아 모두 잘 자라서 가정을 이루고 지금까지 무탈하게 잘 들 살고 있다. 이만하면 나는 행복한 사람이겠지. 명절이 끝나고 온 식구가 모여 남은 전들을 모아 끓여 먹으면 어머니 생각이 난다. "옛날 친정에서 제사가 끝나면 어머니가 전을 모아 짜글이처럼 끓여주시곤 했는데. 이것저것 넣어 부친 호박전도 맛있었는데." 했더니 남편이 "당신과 나는 같은 음식을 보면서도 추억이 다르네. 나는 호박을 보면 호박국을 많이 먹어서 호박국 생각이 나는데." 한다. 이렇게 추억도 다르고 생각도 다른 남편과 50년 넘게 살아오면서 지금까지 크게 다퉈 본 적 없이 지금은 병원도, 마트에도 늘 함께 다니면서 서로 다독거리면서 살고 있으니 이만하면 남편 복도 있다고 본다. 감사하다. 나이 들어 여기저기 아픈 거야 어쩔 수 없지만.

지금까지 살면서 좋은 일도, 가슴 아프게 했던 일도 있었겠지만 이 나이가 되니 신기하게도 나쁜 기억들은 사라져 버리고 좋은 기억만 남아 있다. 남편 근무지를 따라 이 도시 저 도시로 이사를 참 많이 했다. 그곳에서 만났던 소중한 인연들, 지금까지 함께 하고 있는 친구들과의 좋은 기억 속에서 행복한 일상을 보내고 있으니 나는 분명 행복하게 살고 있는 것이리라.

TV에서 '버킷 리스트' 란 영화를 보았다. 흑백의 두 늙은이가 병원에서 만나 의기투합해서 함께 여행을 떠나는 영화다. 그 후 나의 버킷리스트에 내 소망 두 개가 올라 있다.

그 중 하나는 내 친한 친구 부부와 함께 자동차를 운전해 서울을 출발해서 우리나라 남쪽을 한번 둘러보는 것이다. 쉬며가며 머물고 싶은 곳에 머물다 또 다음 곳으로 이동하면서 보고 싶은 거 보고, 먹고 싶은 거 다 먹어보자고 친구와 계획을 세워놓고 실천을 하지 못한 채 몇 년이 흘렀다. 올 가을엔 갈수 있을까.

우리보다 먼저 100세를 살아본 선배로서 김형석 교수는 "인생은 늙어가는 것이 아니라 익어가는 것, 돌이켜 보면 힘든 과정이었지만 사랑 있는 고생이 행복이었다."라고 하셨다. 이는 매일의 경험이 100년 간 쌓여 경험이 되고 경력이 되어 벼가 익을수록 고개를 숙이듯이 우리의 삶도 익어간다는 의미일 것이다. 그리고 "사람은 몸이 늙으면 정신이 따라서 늙는다고 생각합니다. 그게 아닙니다. 자기 노력에 따라 정신은 늙지 않습니다. 그때는 몸이 정신을 따라 옵니다." 하셨다. 나는 이 말씀이 번개처럼 내 뇌리를 스치면서 나를 일깨워 주는 것 같았다.

우리는 어쩔 수 없이 매일 아침이면 새로운 일상을 맞이하게 된다. 그 일상 속에 또 다른 많은 일들과 마주치게 된다. 살아오는 동안 쌓인 경험으로, 마주치게 되는 어떤 일들과도 함께 하며 소소한 행복을 누리며 살아갈 것이다.

앞으로 남은 날들. 나는 이렇게 살아가기를 희망하며 다짐해 본다. 무엇보다 건강한 노인이 되고 싶다. 사람은 성장하는 동안 늙지 않는다고 하셨으니 나 자신을 위해 끊임없이 성장하며, 인생의 길고 짧음 보다 의미 있게 잘 살고 싶다. 나라는 존재가 남에게 도움이 되는 삶을 살아보고 싶다. 앞으로 남은 인생은 받는 사랑보다 사랑을 나누어 주는 삶을 살고 싶다.

편집을 마치며

하늘이 참 맑습니다.
폭염으로 유난히 힘들었던 여름은 가고, 노란 은행잎이 쌓이는 아름다운 가을입니다.

지난 두 해를 보내면서 회원들의 작품을 모아 원석문학회동인지 13집 <마음이 머물던 자리>를 발간하게 되었습니다.
어느덧 동인지 13회를 펴내게 되니, 긴 세월 면면히 이어 온 원석문학회의 저력이 느껴져 감회가 새롭습니다. 보내주신 회원들의 수필을 한 편 한 편 편집하면서, 저마다의 이야기에 감동을 받았습니다. 그 간의 연륜에서 풍기는 수필의 향기에 취하기도 했습니다. 아울러, 긴 세월 애써주신 선배님들의 노고와 고마움을 생각하지 않을 수 없는 시간이었습니다.

회원님들의 귀한 이야기들을 하나라도 놓칠세라 보고 또 보기를 거듭한 시간이었습니다.
혹시나 하는 조바심이 생기기도 했지만, 이제 마지막 장을 덮으며 마침표를 찍습니다.
이 동인지를 통해 회원들의 삶을 공유하고 소통하는 교유의 장이 활발할 뿐 아니라 미래를 향해 지속 성장하며 빛나는 원석문학회로 우뚝 서리라 믿습니다.

오랫동안 병석에 계시는 김상태 교수님께서 쓰셨던 글 <글의 재능>을 동인지의 권두언으로 실으며 속히 쾌차하시기를 마음 모아 기원드립니다.

유인순 지도교수님의 초대 수필 〈아버지의 훈장〉도 글쓰기의 귀감으로 삼으며 싣습니다.

이 가을 <마음이 머물던 자리> 에 함께 하신 회원들과, 동인지 책장을 살포시 넘기는 독자께서도 사유의 글밭을 만나 행복하시기를 기원합니다. 감사합니다.

2024년 10월

— 회장: 이민재
— 편집위원: 신정호, 김선례, 변명희, 최연실

원석문학회동인지 제13집

마음이 머물던 자리

인쇄 2024년 10월 1일
발행 2024년 10월 4일

지은이 원석문학회
발행인 서정환
펴낸곳 수필과비평사
주소 서울특별시 종로구 삼일대로 32길 36(익선동 30-6 운현신화타워 빌딩) 305호
전화 (02) 3675-5635, (063) 275-4000 · 0484
팩스 (063) 274-3131
이메일 sina321@hanmail.net   essay321@hanmail.net
출판등록 제300-2013-133호
인쇄 · 제본 신아출판사

저자와 협의, 인지는 생략합니다.
잘못된 책은 바꿔 드립니다.

ISBN 979-11-5933-545-7 (03810)

값 15,000원

Printed in KOREA